Sobre a liberdade da vontade

ARTHUR SCHOPENHAUER

Sobre a liberdade da vontade

Tradução

Lucas Lazarini Valente
Eli Vagner Francisco Rodrigues

Apresentação

Oswaldo Giacoia Junior

Direitos de publicação reservados à:

Fundação Editora da Unesp (FEU)
Praça da Sé, 108
01001-900 – São Paulo – SP
Tel.: (0xx11) 3242-7171
Fax: (0xx11) 3242-7172
www.editoraunesp.com.br
www.livrariaunesp.com.br
atendimento.editora@unesp.br

Dados Internacionais de Catalogação na Publicação (CIP) de acordo com ISBD
Elaborado por Vagner Rodolfo da Silva – CRB-8/9410

S373s

Schopenhauer, Arthur
Sobre a liberdade da vontade / Arthur Schopenhauer ; traduzido por Lucas Lazarini Valente, Eli Vagner Francisco Rodrigues. Apresentação por Oswaldo Giacoia Junior – São Paulo: Editora Unesp, 2021.

Tradução de: *Preisschrift über die Freiheit des Willens*
Inclui bibliografia.
ISBN 978-65-5711-041-6

1. Filosofia. 2. Vontade. 3. Livre arbítrio. 4. Liberdade. I. Valente, Lucas Lazarini. II. Rodrigues, Eli Vagner Francisco. III. Giacoia Junior, Oswaldo. IV. Título.

2021-1138 CDD 100
CDU 1

Editora afiliada:

Sumário

Apresentação

Oswaldo Giacoia Junior[1]

[...] pregar moral é fácil; fundamentar a moral, difícil.

Arthur Schopenhauer, *Sobre a vontade na natureza*

Num concurso promovido em 1839 pela Academia Norueguesa de Ciências, de Trondheim, foi posta em disputa a resposta a uma questão-título com a seguinte formulação: "Pode a liberdade da vontade humana ser demonstrada a partir da autoconsciência?". Arthur Schopenhauer enviou anonimamente uma dissertação-resposta, com base na qual obteve da referida Academia o prêmio anunciado. Essa dissertação é *Sobre a liberdade da vontade*, agora traduzida para o português num trabalho de autoria de Lucas Lazarini Valente e Eli Vagner Francisco Rodrigues.

O depoimento da autoconsciência a respeito da liberdade da vontade poderia também ser formulado de maneira vulgar, nos termos seguintes: "Eu posso fazer o que quero!". A esse testemunho corresponde a noção popular e confusa de liber-

1 Departamento de Filosofia – Unicamp; PUC-PR. e-mail: ogiacoia@hotmail.com.

dade entendida como *liberum arbitrium indifferentiae*, isto é, como *conformidade ou adequação de uma ação a uma volição ou ato de vontade: poder fazer aquilo que a vontade quer*, ou *aquilo que é conforme à vontade*. Essa liberdade de *fazer*, sob o pressuposto do *querer*, relaciona liberdade e ação (movimento do corpo no espaço) e implica decidir-se livremente por um curso de ação ou outro, até mesmo seu contrário.

Para Schopenhauer, contudo, a verdadeira questão acerca da liberdade não diz respeito ao fazer, mas *ao próprio querer*, à relação entre o predicado "livre" e o próprio ato de volição. É dessa relação que trata o opúsculo *Sobre a liberdade da vontade*. A originalidade da obra – consentânea, aliás, com o que há de mais próprio na filosofia de Schopenhauer – consiste no deslocamento da pergunta: em questão encontra-se, então, a relação entre a vontade e os motivos, o problema que vai colocar em jogo a *razão suficiente do querer*: Posso querer (ou deixar de querer) aquilo que quero? *É possível querer querer? Ou ainda, em outros termos: qual seria a gramática do querer?*

Esta é a *Gretchenfrage*, pergunta referida por Schopenhauer à obra de Goethe, em particular ao *Fausto I*, verso 3.415. A pergunta é colocada por Gretchen a Fausto nos seguintes termos: "O que você pensa sobre a religião?". Fausto se evade diante da pergunta, Gretchen, porém, permanece obstinada, escavando sempre mais a fundo: "Você acredita em Deus?"; até levar a pergunta a um limite incontornável: "Portanto, você não acredita?". A *Gretchenfrage* torna-se, com isso, o símbolo de uma questão diretamente formulada, levando ao coração do problema em jogo. Na maioria das vezes, a pergunta de Gretchen é desagradável àquele a quem é feita, pois ela exige uma confissão ou testemunho ao qual a pessoa gostaria de se furtar.

O coração do problema – ou a aposta em jogo no problema em questão – é o horizonte, a estrutura, a dinâmica e a tendência do querer: "podes também querer aquilo que queres?". Essa pergunta não conduz a um mau infinito, pela reposição permanente de si mesma, pelo "querer do querer". Ela promove a transição da consciência ingênua da liberdade da vontade (*posso fazer o que quero*) para uma reflexão a respeito da *pré-decidibilidade de todo querer*. Nenhuma reflexão pode penetrar previamente o autoaprisionamento no querer de todo ente volitivo – essa não liberdade tem raízes mais profundas do que pensamos, na determinação fática e situacional de toda vontade particular pelos motivos e pelas condições determinantes de seus atos, aos quais está sempre passivamente exposta, e relativamente aos quais essa vontade faz toda verdadeira experiência de si mesma.

Uma vontade *sem motivos* não seria uma vontade livre, mas sim um querer vazio e indeterminado; uma vontade *motivada* não pode ser pensada como livre, justamente em consideração a tais motivos e ao contexto situacional de suas condicionantes. Trata-se de um horizonte preestabelecido pelas circunstâncias de realização concreta das volições e ações na vida, por exemplo os condicionantes genéticos, históricos, culturais, familiares, bem como modelos formadores do caráter, aos quais a vontade encontra-se passivamente exposta.

Para Schopenhauer, uma vez dado o caráter inato de cada homem, "os fins em geral que ele invariavelmente persegue já estão, no essencial, determinados: os meios dos quais ele, para atingir esses fins, lança mão são definidos em parte pelas circunstâncias externas, em parte por sua compreensão das mesmas, cuja correção, por sua vez, depende de seu entendimento e da formação deste. Como resultado final de tudo isso, seguem-

-se suas ações particulares, todo o papel, portanto, que ele tem de desempenhar no mundo". (*Sobre a liberdade da vontade*, p.93.)

A causa ou motivo só provoca a exteriorização de uma força não suscetível de ser reportada a outras causas, logo, não mais ulteriormente explicável; no homem, essa força chama-se vontade, porém não é conhecida só a partir do exterior, como as demais forças da natureza, mas também a partir do interior e imediatamente, em virtude da autoconsciência. Apenas sob o pressuposto de que tal vontade esteja presente e, no caso particular, de que ela seja de determinada constituição, atuam sobre ela, com maior ou menor força, determinados motivos. A constituição da vontade, especial e individualmente determinada, em virtude da qual sua reação aos mesmos motivos é única em cada homem, constitui o caráter e, em verdade, o caráter empírico, pois que não pode ser conhecido *a priori*, mas unicamente na e pela experiência. (Cf. *Sobre a liberdade da vontade*, p.81.)

Podemos pensar o caráter inteligível do homem em analogia com o estatuto das ideias e das forças da natureza que, unas e indivisíveis em essência, têm múltiplas e variáveis manifestações. Ora, o mesmo se pode afirmar do homem, enquanto a mais perfeita objetivação da vontade, aquela em cujo intelecto, como num espelho absolutamente isento de distorções, o próprio em-si do mundo se reflete: o caráter inteligível humano adquire, por analogia, o mesmo estatuto metafísico de uma ideia platônica e de uma força da natureza.

A resposta de Schopenhauer à pergunta cuja resposta fora posta a prêmio pela Academia de Ciências da Noruega constituía, pois, uma atestação do caráter *sui generis* de sua ética, pensada a partir de uma ruptura sem precedentes com a tradição da história da filosofia ocidental: a vontade não é uma faculdade anímica posta sob controle, direcionamento e determinação da razão, senão que, pelo contrário, razão e intelecto são instrumentos da vontade, ferramentas para a consecução de seus desejos: a essência metafísica do mundo não é um princípio ou fundamento racional, também não a onisciência e onipotência da Providência Divina, mas uma força cega e irracional, eternamente insaciável, além de bem e mal, como o são, aliás, as forças da natureza.

Em janeiro de 1840, mais uma vez reagindo a uma consulta com resposta posta em concurso por uma academia científica, dessa vez pela Sociedade Dinamarquesa de Ciências de Copenhague, Schopenhauer encarregou-se de apresentar sua fundamentação da moral, respondendo à seguinte questão: "A fonte e o fundamento da filosofia da moral devem ser buscados numa ideia de moralidade contida na consciência imediata e em outras noções fundamentais que dela derivam ou em outro princípio do conhecimento?".

Apesar de ser a única concorrente, a resposta de Schopenhauer não obteve o prêmio, uma recusa fundamentada pela Academia de Ciências da Dinamarca com o argumento de acordo com o qual o filósofo não teria adentrado propriamente no verdadeiro núcleo da questão proposta. O mais provável, no entanto, é que a recusa tenha sido motivada pela virulência das invectivas lançadas por Schopenhauer contra a filosofia universitária, também naquele seu escrito, em particular contra Hegel, considerado na época um modelo de filósofo.

Posteriormente, Schopenhauer reuniu os dois textos aqui mencionados – o premiado e o não premiado – num único livro, com o título de *Os dois problemas fundamentais da ética*, publicação que concentra o essencial sobre a filosofia prática de Schopenhauer, de acordo com a qual a única manifestação da liberdade da vontade no mundo empírico seria o paradoxal fenômeno de sua autonegação, unicamente constatável nos fenômenos da ascese e da santidade.

Com a tradução brasileira de *Sobre a liberdade da vontade* – neste trabalho importante mais uma vez trazido a público graças à lucidez editorial da Editora Unesp –, o leitor brasileiro pode ter em mãos uma edição primorosa, e complementar a leitura de *Sobre o fundamento da moral*, já publicado há algum tempo, com o notável *Sobre a liberdade da vontade*. Com isso, a Editora Unesp contribui novamente para o aperfeiçoamento dos estudos brasileiros de excelência acadêmica na área de filosofia e ciências humanas.

Sobre a tradução

O texto usado como base para a tradução é o que consta no terceiro volume (*Kleinere Schriften*) da edição das obras de Schopenhauer realizada por Ludger Lütkehaus (*Arthur Schopenhauers Werke in Fünf Bänden – Nach den Ausgaben letzter Hand herausgegeben von Lüdger Lütkehaus*, Haffmans, 1988), que a anuncia como a única a efetivamente reproduzir os textos do filósofo na última versão de fato autorizada por ele. Quando necessário, também outras edições do texto foram consultadas.

Sempre que tivemos acesso a traduções em língua portuguesa dos textos citados por Schopenhauer, procuramos apresentá-las em nota. A exceção, vale notar, é a da tradução das citações de textos em língua inglesa. Como o leitor poderá observar, na primeira delas, o próprio Schopenhauer anuncia que, nesses casos, incluirá uma tradução de sua autoria. Fazemos essa observação apenas para destacar que essas notas têm de ser encaradas como o texto de Schopenhauer a ser traduzido para o português, isto é, aqui não se trata de traduzir a nota do filósofo tendo em vista a citação em sua língua original. Essa observação nos remete a outro ponto que merece ser mencionado já nesta nota introdutória.

Pensando especificamente neste texto, "volição" é o termo que escolhemos para traduzir "*Willensakt*" e a locução a ele equivalente, "*Akt des Willens*". Como breve justificativa para essa decisão, elencamos dois pontos:

1) Possibilidade de distinção mais clara entre "*Willensakt*", usualmente traduzido por "ato da vontade", e "*That*", que traduzimos por "ato". Ao leitor já familiarizado com a obra de Schopenhauer que pense aqui em passagens de *O mundo como vontade e representação* nas quais o filósofo enfatiza a estrita coincidência entre "atos de vontade" e ações corporais de um indivíduo, gostaríamos de lembrar que, em alguns dos casos em que Schopenhauer apresenta essa identificação, ela vem acompanhada de uma necessária qualificação do "*Willensakt*": precisamente como acontece, por exemplo, em uma das primeiras ocorrências do termo no presente texto. Além disso, também aqui, em algumas passagens, Schopenhauer distingue de forma inequívoca "*Willensakt*" de "*That*", ao falar da passagem do primeiro ao segundo. Nesse sentido, poderíamos dizer que em *Sobre a liberdade da vontade* temos justamente o refinamento da distinção entre duas relações: a que se estabelece entre motivo e o *Willensakt*, e aquela entre este último e a ação. Como o leitor poderá constatar, Schopenhauer procura mostrar que a pergunta pela liberdade não diz respeito à segunda delas, algo que jamais teria sido posto em dúvida, mas sim à primeira: trata-se de investigar se a vontade do indivíduo seria afetada de maneira necessária por um motivo, por algo apresentado a ele por sua faculdade de conhecimento (em oposição, por exemplo, a uma vontade que seria capaz de algum tipo de autodeterminação).

2) Com essa distinção em mente, optamos por utilizar um termo que evocasse algo mais próprio do campo subjetivo,

em oposição a algo que, como um ato propriamente dito, se manifesta num âmbito de experiência acessível a diversos indivíduos e é, nesse sentido, objetivo. A escolha por "volição" partiu da, por assim dizer, sugestão encontrada na decisão de Schopenhauer de, neste texto, traduzir o termo "*volition*", quando este aparece em suas citações de Hume e Priestley, precisamente por "*Willensakt*".

Com isso, não pretendemos negar a possibilidade de que o termo tenha sido eventualmente usado por Schopenhauer de maneira ambígua. Isto é, em algumas passagens deste texto, é possível ler o termo nos dois sentidos mencionados (para não falarmos de seu uso ao longo do restante da obra schopenhaueriana). No entanto, da forma como interpretamos todas suas ocorrências, mesmo as passagens que parecem contar com esse uso ambíguo do termo nos pareceram mais coerentes com a proposta do texto como um todo quando interpretadas como apresentando uma referência ao fenômeno subjetivo de reação da vontade a algum estímulo externo, podendo ela ser convertida em ação corporal ou não.

* * *

O presente trabalho é fruto indireto de estágio de pesquisa no exterior realizado pelos dois tradutores. Assim, ainda que o trabalho de tradução tenha sido desenvolvido já depois de finalizado o período de vigência das bolsas de estudo que possibilitaram nossa estadia em Mainz, no centro de pesquisa sobre Schopenhauer da Johannes Gutenberg-Universität, gostaríamos de agradecer à Fundação de Amparo à Pesquisa do Estado de São Paulo (Fapesp) e à Coordenação de Aperfeiçoamento de Pessoal em Nível Superior (Capes) pelo financiamento concedido.

Agradecemos também ao amigo William Massei Jr. pelo compartilhamento de suas valiosas observações, sugestões e correções, redigidas depois de uma cuidadosa e rigorosa leitura de uma versão ainda preliminar da tradução.

Desde o momento em que começamos a trabalhar nesta tradução, pensamos na possibilidade de disponibilizar aos leitores a melhor apresentação possível que esse escrito tão importante poderia receber. Por isso, agradecemos ao querido professor Oswaldo Giacoia Jr. por ter nos presenteado com o texto que abre este volume. De um ponto de vista mais geral e difícil de especificar, registramos o agradecimento ao professor Giacoia também por sabermos que, de alguma forma, sem ele, esta tradução não existiria.

Lucas Lazarini Valente
Eli Vagner Francisco Rodrigues

Escrito de Concurso
Sobre a liberdade da vontade

Premiado pela Sociedade Real Norueguesa de Ciências de Trontheim, em 26 de janeiro de 1839

*La liberté est un mystère.**

A pergunta proposta pela Sociedade Real é como se segue:

Num liberum hominum arbitrium e sui ipsius conscientia demonstrari potest?

Traduzido: "Pode a liberdade da vontade humana ser demonstrada a partir da autoconsciência?".

---

* Em outras passagens da obra publicada ainda em vida, Schopenhauer atribui essa formulação a Malebranche. Encontramos uma delas nas últimas linhas da Seção V do presente texto, intitulada "Conclusão e ponto de vista elevado". Outra dessas indicações se situa na Seção 70 de *O mundo como vontade e representação*, e, em seu exemplar pessoal da primeira edição dessa obra, Schopenhauer completa a referência, anotando "*prémotion physique*" (ver *Die Welt als Wille und Vorstellung – Kritische Jubiläumausgabe der ersten Auflage* (1819), editado por Matthias Koßler e William Massei Jr., p.292). No entanto, ao que tudo indica, trata-se de uma citação indireta, que Schopenhauer teria retirado de um texto de Helvétius (*De L'Esprit, Discours I*, cap.IV). Encontramos mais detalhes a esse respeito no artigo de Arthur Hübscher, "La Liberté est un mystère: Das Motto der Norwegischen Preisschrift", *Schopenhauer-Jahrbuch*, p.26-30, 1964. (N. T.)

I
Definições dos conceitos

Em uma questão tão importante, séria e difícil, que, naquilo que é essencial, coincide com um problema capital da filosofia das idades Média e Moderna como um todo, grande precisão e, assim, uma análise dos conceitos principais que ocorrem na questão certamente terão seu lugar.

1) O que significa liberdade?

Considerado de maneira precisa, esse é um conceito NEGATIVO. Por meio dele, pensamos apenas a ausência de tudo aquilo que impede e obstrui. Isso, por outro lado, como algo que manifesta uma força, tem de ser algo positivo. Correspondendo à possível constituição daquilo que age obstruindo, o conceito possui três subespécies bastante distintas: liberdade física, intelectual e moral.

a) LIBERDADE FÍSICA é a ausência de empecilhos MATERIAIS de qualquer tipo. Por isso, dizemos: céu livre de nuvens, vista livre, ao ar livre, terreno livre, espaço livre, calor livre (não vinculado quimicamente), eletricidade livre, fluxo livre de um rio, quando não mais impedido por montanhas ou eclusas, e assim por diante. E mesmo apartamento livre, alimentação livre de custo, imprensa livre, carta livre do custo de postagem, designam a ausência de condições adversas que, como empecilhos ao desfrute dessas coisas, comumente se vinculam a elas. Mas, na maioria das vezes, em nosso pensamento, o conceito de liberdade é o predicado dos seres animais, cuja peculiaridade é que seus movimentos partem de SUA VONTADE, são voluntários, e, por conseguinte, são chamados LIVRES quando nenhum empecilho material os impossibilita. Posto que esses empecilhos podem ser de tipos muito diferentes, mas que aquilo que é por eles impedido é sempre A VONTADE, prefere-se, por uma questão de simplicidade, tomar o conceito pelo lado positivo, e através dele pensa-se tudo aquilo que se move unicamente mediante sua vontade ou age unicamente a partir de sua vontade: uma inversão do conceito que, no essencial, nada muda. Por conseguinte, nesse significado FÍSICO do conceito de liberdade, animais e seres humanos são chamados LIVRES quando nem amarras, nem cárcere, nem paralisia, portanto nenhum empecilho FÍSICO ou MATERIAL em geral obstrui suas ações, mas estas ocorrem de acordo com sua VONTADE.

Esse SIGNIFICADO FÍSICO do conceito de liberdade, e especialmente como predicado de seres animais, é o original, imediato e, portanto, mais frequente de todos, no qual, precisamente por isso, o conceito não está sujeito a nenhuma dúvida ou controvérsia. Antes, ele pode sempre atestar sua realidade através da experiência. Pois se um ser animal age apenas a partir de sua VONTADE, ele é, nesse sentido, LIVRE: com o que não se leva em conta aquilo que possa eventualmente ter influência sobre sua vontade mesma. Pois somente ao SER CAPAZ DE, isto é, precisamente à ausência de empecilhos FÍSICOS a suas ações é que se refere o conceito de liberdade nesse seu sentido original, imediato e, daí, popular. Por isso se diz: livre é o pássaro no ar, o animal selvagem na floresta; livre é o homem por natureza; apenas aquele que é livre é feliz. Também um povo é chamado de livre, e com isso entende-se que ele é governado apenas segundo leis, mas leis que foram criadas por ele mesmo: pois então, por toda parte, ele segue apenas sua própria vontade. Portanto, a liberdade política pode ser subsumida à liberdade física.

Mas assim que nos afastamos dessa liberdade FÍSICA e consideramos os dois outros tipos de liberdade, não lidamos mais com o sentido popular, mas sim com um sentido FILOSÓFICO do conceito, o qual, como se sabe, abre caminho para muitas dificuldades. Esse sentido se divide em dois tipos inteiramente diferentes: a liberdade intelectual e a liberdade moral.

b) A LIBERDADE INTELECTUAL, το ἑκούσιον καὶ ἀκούσιον κατὰ διάνοιαν* em Aristóteles, é levada em conta aqui meramente com a finalidade de obter a completude da divisão do conceito: por isso me permito adiar sua discussão até o final deste ensaio, como o lugar no qual os conceitos a serem nela utilizados já terão encontrado sua explicação naquilo que a precedeu, de modo que ela poderá então ser tratada com brevidade. Nessa divisão, no entanto, na condição de muito proximamente aparentada à liberdade física, ela tinha de encontrar seu lugar ao lado desta.

c) Então me volto imediatamente para o terceiro tipo, para a LIBERDADE MORAL, como aquela que é propriamente o *liberum arbitrium* do qual a questão da Sociedade Real fala.

* "O voluntário e o involuntário segundo o pensamento". Referência a *Ethic. Eudem.*, II, 7, 1223a, 23-5. (N. T.)

Esse conceito se vincula ao de liberdade física a partir de um aspecto que torna compreensível também seu surgimento necessariamente muito mais tardio. A liberdade física, como dito, se refere apenas a empecilhos materiais, na ausência dos quais ela se dá imediatamente. Porém, em alguns casos se notou que uma pessoa, sem ser inibida por empecilhos materiais, mas mediante meros motivos, como ameaças, promessas, perigos e coisas semelhantes, foi impedida de agir da maneira que, do contrário, certamente teria estado de acordo com sua vontade. Perguntou-se, então, se tal pessoa teria sido LIVRE ou se um forte contramotivo realmente poderia, tanto quanto um empecilho físico, igualmente obstruir e tornar impossível a ação que se conforma à verdadeira vontade. Encontrar a resposta para isso não pode ser difícil para o entendimento são: a saber, que um motivo jamais poderia atuar como um empecilho físico, na medida em que este fácil e certamente ultrapassaria as forças corporais humanas de maneira geral, ao passo que um motivo jamais poderia ser irresistível em si mesmo, nem ter um poder incondicional, mas sempre ainda poderia, eventualmente, ser superado por um CONTRAMOTIVO MAIS FORTE, bastando que este estivesse disponível, e a pessoa, dada num caso individual, fosse determinável por ele – da mesma forma que nós, afinal, frequentemente vemos que mesmo o motivo que geralmente é o mais forte de todos, a manutenção da vida, é subjugado por outros motivos: por exemplo, no caso do suicídio e do sacrifício da vida por terceiros, por opiniões e interesses diversos; e, inversamente, vemos também que todos os níveis dos mais extremos martírios na mesa de tortura algumas vezes foram superados pelo simples pensamento de que a alternativa seria a de perder a vida. Mas mesmo que a partir daqui ficasse claro que os motivos não possuem em si um poder coercitivo puramente objetivo e absoluto, ainda assim poderia caber a eles um poder subjetivo e relativo, a saber, para a pessoa envolvida. O que, no fim das contas, daria no mesmo. Assim, manteve-se a questão: é a vontade, ela mesma, livre? – Aqui, então, o conceito de liberdade, que até então só tinha sido pensado em relação ao SER CAPAZ DE, foi posto em relação ao QUERER, e então surgiu o problema de se perguntar se o querer mesmo seria LIVRE. Mas, em uma consideração mais detalhada, o conceito original, puramente empírico e, daí, popular de liberdade se mostra incapaz de estabelecer essa conexão com o QUERER. Pois, de acordo com este último, "LIVRE" significa – "EM CONFORMIDADE COM A PRÓPRIA VONTADE". Caso agora se pergunte se a própria vontade seria livre, então se pergunta se a vontade estaria em conformidade consigo mesma: o que até é autoevidente, mas algo com o que não se diz nada. Segundo o conceito empírico de liberdade, diz-se: "Eu sou livre se posso FAZER AQUILO QUE QUERO": e pelo "aquilo que quero", já se decidiu pela liberdade. Mas agora, uma vez que nós perguntamos pela liberdade do QUERER mesmo, a questão poderia, por conseguinte, ser formulada da seguinte maneira: "podes também QUERER aquilo que queres?" – o que soa como se o querer dependesse ainda de outro querer que se situa atrás dele. E supondo que essa pergunta fosse respondida afirmativamente, logo surgiria a segunda: "podes também querer aquilo que queres querer?"; e, assim, tudo seria deslocado para um ponto mais alto, até o infinito, na medida em que sempre pensaríamos UM querer dependente de um anterior ou de um que se situasse em um ponto mais profundo, e nos esforçaríamos em vão, nesse caminho, por finalmente alcançar um que nós não teríamos de pensar como dependente de absolutamente nada e que teríamos de assumir. Mas, caso quiséssemos assumir algo assim, poderíamos então, para isso, tomar arbitrariamente tanto o primeiro quanto o último, mediante o que a questão seria então reconduzida a uma bem simples: "podes querer?". Mas, se a mera resposta afirmativa a essa questão decide a respeito daquela sobre a liberdade da vontade, é o que se queria saber e o que permanece em aberto. O conceito original e empírico de liberdade, extraído do agir, se recusa a estabelecer um vínculo direto com o conceito de vontade. Por essa razão, para, apesar disso, poder aplicar o conceito de liberdade à vontade, foi necessário modificá-lo, tornando-o mais abstrato. Isso aconteceu na medida em que, mediante o conceito de LIBERDADE, pensou-se apenas, em geral, a ausência de NECESSIDADE. Por meio disso, o conceito mantém o caráter NEGATIVO, que eu lhe havia atribuído logo no início. Em primeiro lugar, por conseguinte, teríamos de discutir o conceito de NECESSIDADE, na condição de conceito POSITIVO que dá sentido àquele NEGATIVO.

Nós perguntamos, portanto: o que significa NECESSÁRIO? A explicação usual de que "necessário é aquilo cujo contrário é impossível, ou aquilo que não pode ser de outra maneira" – é uma mera definição, uma paráfrase do conceito, a qual não amplia nossa compreensão. Como verdadeira explicação, no entanto, proponho esta: NECESSÁRIO É AQUILO QUE SE SEGUE A PARTIR DE UMA RAZÃO SUFICIENTE DADA: proposição que, como toda definição correta, pode ser invertida. Agora, em conformidade com o tipo dessa razão suficiente, se ela for lógica, ou matemática, ou física – o que se chama de causa –, a NECESSIDADE será lógica (como aquela da conclusão quando as premissas são dadas), matemática (por exemplo, a igualdade dos lados do triângulo quando os ângulos são iguais), ou física, real (como a entrada em cena do efeito, tão logo a causa exista): mas ela sempre se vincula, com igual rigor, à consequência, quando o fundamento é dado. Somente na medida em que compreendemos algo como consequência a partir de uma razão dada é que o reconhecemos como necessário e, inversamente, se reconhecemos algo como consequência de uma razão suficiente, vemos que ele é necessário: pois todas razões têm poder coercitivo.* Essa verdadeira explicação é tão adequada e exaustiva que necessidade e consequência a partir de uma razão suficiente são conceitos intercambiáveis, isto é, um sempre pode ser colocado no lugar do outro.[I] ** Por conseguinte, ausência de necessidade seria igual a ausência de uma razão suficiente determinante. Como o contrário daquilo que é NECESSÁRIO, no entanto, pensa-se aquilo que é CONTINGENTE: o que não provoca conflito algum aqui. Com efeito, tudo aquilo que é contingente o é apenas RELATIVAMENTE. Pois no mundo real, onde se encontra apenas aquilo

* Em geral, optamos por traduzir o termo "*Grund*" por "fundamento" quando ele ocorre sem qualquer qualificação (e geralmente junto a uma referência mais explícita a sua relação com uma consequência), e por "razão" quando é acompanhado do adjetivo "*zureichend*" e, portanto, traduzido por "razão suficiente", mantendo a referência ao princípio explorado por Schopenhauer em sua dissertação de doutoramento e que se faz presente ao longo de toda sua obra. Excepcionalmente na presente passagem, traduzimos também as ocorrências não adjetivadas de "*Grund*" por "razão", com a finalidade de deixar mais explícita a inversão proposta por Schopenhauer. (N. T.)

I Uma discussão do conceito de necessidade se encontra em minha dissertação sobre o princípio de razão, 2.ed., §49. (N. A.)

** Ver Schopenhauer, *Sobre a quadrúplice raiz do princípio de razão suficiente*, p.337-41. (N. T.)

que é contingente, toda ocorrência é NECESSÁRIA em relação a sua causa; por outro lado, em relação a todo o resto, com o que ela talvez coincida no tempo e no espaço, ela é CONTINGENTE. Agora, no entanto, aquilo que é livre, posto que a ausência de necessidade é seu traço distintivo, teria de, portanto, ser definido como aquilo que é ABSOLUTAMENTE CONTINGENTE: um conceito extremamente problemático, por cuja possibilidade de ser concebido eu não me responsabilizo, mas que, no entanto, coincide de maneira curiosa com o de LIBERDADE. Em todo caso, aquilo que é LIVRE permanece sendo aquilo que em nenhuma relação é necessário, o que quer dizer que ele é aquilo que não depende de nenhum fundamento. Esse conceito, então, aplicado à vontade do ser humano, implicaria dizer que uma vontade individual, em suas manifestações (volições), não seria determinada por causas ou por razões suficientes em geral; posto que, se não for assim, uma vez que a consequência a partir de um fundamento (seja qual for seu tipo) sempre é NECESSÁRIA, essas volições não seriam livres, mas, sim, necessárias. Aqui se assenta a definição de KANT, de acordo com a qual liberdade é a capacidade de iniciar uma série de modificações A PARTIR DE SI MESMO. Pois esse "a partir de si mesmo" significa, reconduzido a seu verdadeiro significado, "sem causas precedentes": isso, no entanto, é idêntico a "sem necessidade". De modo que, ainda que aquela definição dê ao conceito de liberdade a aparência de um conceito positivo, sua natureza negativa emerge em uma consideração mais precisa. – Uma vontade livre seria, portanto, uma tal que não seria determinada por fundamentos – e, visto que tudo que determina alguma outra coisa tem de ser um fundamento, no caso das coisas reais um fundamento-real, isto é, uma causa – uma tal que não seria determinada por absolutamente nada; cujas manifestações isoladas (volições) procederiam, por conseguinte, simplesmente, e de maneira completamente original, dela mesma, sem serem provocadas necessariamente por condições precedentes, sem serem, portanto, determinadas por uma coisa qualquer, em conformidade com uma regra. No caso desse conceito, o pensamento claro nos abandona, porque o princípio de razão, em todos seus significados, é a forma essencial de nossa faculdade de conhecimento, mas, aqui, deve ser renunciado. Entrementes, também esse conceito não carece de um *terminus technicus*:* ele é o *liberum arbitrium indifferentiae*.** Esse conceito é, aliás, o único claramente definido, firme e determinado daquilo que se chama de liberdade da vontade; é por isso que não é possível distanciar-se dele sem que se caia em explicações oscilantes e nebulosas, atrás das quais se oculta uma mediocridade hesitante. Como quando se fala de fundamentos que não provocam necessariamente suas consequências. Toda consequência a partir de um fundamento é necessária, e toda necessidade é consequência a partir de um fundamento. A partir da admissão de semelhante *liberi arbitrii indifferentiae*, a próxima consequência, que caracteriza esse mesmo conceito e, assim, pode ser indicada como seu traço distintivo, é a de que a um indivíduo humano dele dotado, sob circunstâncias externas dadas, totalmente individuais e completamente determinadas, duas ações diametralmente opostas são igualmente possíveis.

---

* Termo técnico. (N. T.)

** Decisão não sujeita a qualquer influência ou, como diz Schopenhauer no §55 de *O mundo como vontade e representação*, "liberdade absoluta da vontade". (N. T.)

2) O que significa autoconsciência?

Resposta: a consciência de SI MESMO, em oposição à consciência DE OUTRAS COISAS, sendo esta última a faculdade de conhecimento. Esta contém, antes mesmo de aquelas coisas aparecerem nela, certas formas da maneira desse aparecimento, as quais, por conseguinte, são condições de possibilidade de sua existência objetiva, isto é, de sua existência como objetos para nós: tais formas são, como se sabe, tempo, espaço e causalidade. Apesar de essas formas do conhecer se situarem em nós mesmos, isso acontece, no entanto, apenas para que possamos tomar consciência DE OUTRAS COISAS enquanto tais e em constante relação com essas formas: advém daí que não devamos ver aquelas formas como pertencentes à AUTOCONSCIÊNCIA, ainda que elas se situem em nós, mas, antes, como aquilo que torna possível a CONSCIÊNCIA DE OUTRAS COISAS, isto é, o conhecimento objetivo.

Além disso, não me deixarei, em função do duplo sentido da palavra *conscientia*, utilizada na questão, eventualmente induzir ao erro de trazer para a autoconsciência os conhecidos sentimentos morais do ser humano, apresentados sob o nome de consciência moral e também talvez de razão prática, com seus imperativos categóricos defendidos por KANT; em parte porque esses sentimentos só ocorrem em decorrência da experiência e da reflexão, em decorrência, portanto, da consciência de outras coisas, e em parte porque a linha divisória entre aquilo que neles pertence original e propriamente à natureza humana e aquilo que é adicionado pela educação moral e religiosa ainda não foi traçada de maneira precisa e incontestável. Além disso, certamente não pode ser a intenção da Sociedade Real, mediante um deslocamento da consciência moral para dentro da autoconsciência, ver a questão transferida para o solo da moral e, então, ver repetida a prova moral, ou, antes, o postulado, de KANT, da liberdade a partir da lei moral consciente *a priori*, em virtude da conclusão "tu podes porque tu deves".

A partir do que foi dito fica claro que, de nossa consciência tomada como um todo, a parte que, de longe, é a maior, não é a AUTOCONSCIÊNCIA, mas sim a CONSCIÊNCIA DE OUTRAS COISAS, ou a faculdade de conhecimento. Esta, com todas suas forças, se dirige para fora e é o palco (ou até mesmo, visto de um ponto mais profundo da investigação, a condição) do mundo real exterior, em relação ao qual ela, a princípio, se comporta apreendendo intuitivamente e, depois, por assim dizer, ruminando, transforma em conceitos aquilo que foi dessa forma obtido, em cujas infindáveis combinações, executadas com ajuda das palavras, consiste O PENSAR. – Assim, aquilo que mantemos como sobra depois da remoção dessa parte que, de longe, é a maior de nossa consciência como um todo, seria a AUTOCONSCIÊNCIA. Daqui já podemos ver que o domínio desta não pode ser grande: por isso, caso os dados procurados para a prova da liberdade da vontade devessem realmente se situar nela, nós podemos esperar que eles não nos passariam despercebidos. Também um SENTIDO INTERNO[2] foi proposto como o órgão da autoconsciência, o que, no entanto, deve ser tomado mais em um sentido figurado do que em um próprio: pois a autoconsciência é imediata. Seja como for, nossa próxima pergunta é esta: o que é que a autoconsciência contém? Ou: como é que o ser humano se torna consciente de maneira imediata de seu si mesmo? Resposta: completamente como ALGO QUE QUER. Com

2 Ele já se encontra em Cícero como *tactus interior*: *Acad. quaest.*, IV, 7. Mais claramente em Agostinho, *De lib. arb.*, II, 3*ss*. Depois em Descartes: *Princ. phil.*, IV, 190; e bem detalhado em Locke. (N. A.)

a observação da própria autoconsciência, qualquer pessoa logo percebe que o objeto desta sempre é o próprio querer. Certamente não se deve entender sob esse nome meramente as volições bem definidas, que imediatamente se transformam em ato, e as verdadeiras decisões, junto às ações que delas procedem. Antes, quem for capaz de reter o que é essencial mesmo sob diversas modificações de grau e de tipo não se recusará a subsumir às manifestações do querer todo ambicionar, esforçar-se, desejar, ansiar, aspirar, ter esperança, amar, alegrar-se, jubilar etc.; não menos do que não querer ou opor-se, todo detestar, fugir, temer, ficar furioso, odiar, lamentar, sentir dor – em poucas palavras, todos os afetos e as paixões, visto que esses afetos e paixões são apenas movimentos ora mais ou menos fracos ou fortes, ora violentos e tempestuosos, ora silenciosos, da própria vontade, sendo esta ou obstruída ou liberada, satisfeita ou insatisfeita. E todos eles se relacionam, em variadas formas de expressão, com o alcançar ou não aquilo que se quer, e suportar ou superar aquilo que é detestado: eles são, portanto, afecções determinadas da própria vontade, que se encontra ativa nas decisões e ações.[3]* Mas a isso pertence mesmo aquilo

---

3 É muito notável que já o Pai da Igreja AGOSTINHO tenha reconhecido isso perfeitamente, ao passo que muitos dos modernos, com sua suposta "faculdade do sentimento", não o compreenderam. Com efeito, em *de civit. Dei, Lib.*, XIV, c. 6, ele fala das *affectionibus animi*, as quais ele, no livro anterior, dividiu em quatro categorias, *cupiditas, timor, laetitia, tristitia*, e diz: *voluntas est quippe in omnibus, imo omnes nihil aliud, quam voluntates sunt: nam quid est cupiditas et laetitia, nisi voluntas in eorum consensionem, quae volumus? et quid est metus atque tristitia, nisi voluntas in dissensionem ab his, quae nolumus?* (N. A.)

* "É que a vontade está em todos os movimentos, ou melhor, todos eles não são mais que vontades. Realmente, que é o desejo ou a ale-

que se chama de sentimentos de contentamento e descontentamento: esses até existem em uma grande variedade de graus e tipos, mas sempre podem ser reduzidos a afecções de desejo e repulsa, portanto à própria vontade que se torna consciente de si mesma como satisfeita ou insatisfeita, obstruída ou liberada. Isso se estende até às sensações corpóreas, agradáveis ou dolorosas, e às inúmeras que se situam entre essas duas, posto que a essência de todas essas afecções consiste no fato de que elas entram imediatamente na autoconsciência como algo conforme à vontade, ou como algo que se opõe a ela. Considerando precisamente, mesmo do próprio corpo só tomamos consciência imediatamente enquanto o órgão da vontade que atua direcionado para fora e como sede da suscetibilidade para sensações agradáveis ou dolorosas, as quais, elas mesmas, como acabamos de dizer, remetem a afecções completamente imediatas da vontade, que lhe são conformes ou contrárias. A propósito, queiramos ou não incluir aí os simples sentimentos de contentamento ou descontentamento, em todo caso descobriremos que todos os movimentos da vontade, aquele alterar entre querer e não querer, o qual, em sua constante mudança, como a das marés, constitui o único objeto da autoconsciência, ou, caso se queira, do sentido interno – em todo caso descobriremos que aqueles movimentos da vontade se encontram em relação contínua, e unanimemente reconhecida, com aquilo que é conhecido e percebido no mundo exterior. Isso, por outro lado, como já foi dito, já não se situa mais no domínio da

---

gria senão a vontade que consente no que queremos? Que é o temor ou a tristeza senão a vontade que nos desvia do que recusamos?". Agostinho, *A cidade de Deus*, v.II, Lv. IX-XV, p.1249. (N. T.)

AUTOCONSCIÊNCIA imediata, em cujas fronteiras, onde ela se choca com a região da CONSCIÊNCIA DE OUTRAS COISAS, nós chegamos tão logo entramos em contato com o mundo exterior. Os objetos percebidos neste último são, porém, a matéria e a ocasião de todos aqueles movimentos da vontade e volições. Que isso não seja interpretado como uma *petitio principii*: pois ninguém pode negar que nosso querer sempre possui itens externos como objeto, aos quais ele se dirige, em torno dos quais ele se move e que, na condição de motivos, no mínimo o incitam; posto que, do contrário, o que sobraria seria uma vontade completamente isolada do mundo exterior e confinada no interior sombrio da autoconsciência. Apenas a necessidade com a qual aquelas coisas postas no mundo exterior determinam as volições nos é ainda, por enquanto, problemática.

Encontramos a autoconsciência, portanto, muito intensamente ocupada com a VONTADE – ou, na verdade, de maneira até mesmo exclusiva. Agora, descobrir se essa autoconsciência encontra, nesse seu único conteúdo, dados a partir dos quais procederia a LIBERDADE precisamente daquela vontade, no sentido da palavra antes apresentado, que é também o único claro e determinado – é esse o nosso objetivo, para o qual queremos nos dirigir agora de maneira direta, depois de dele, até aqui, ainda que apenas bordejando, termos nos aproximado de maneira notável.

II
A vontade diante da autoconsciência

Quando uma pessoa QUER, ela quer algo: sua volição é sempre direcionada a um objeto e só pode ser concebida em relação a este. Mas, então, o que significa querer algo? Significa: a volição, que, a princípio, é ela mesma apenas objeto da autoconsciência, surge por ocasião de algo que pertence à consciência DE OUTRAS COISAS, por ocasião de algo que é, portanto, um objeto da faculdade de conhecimento, objeto que, nessa relação, é chamado de MOTIVO e é, simultaneamente, material da volição na medida em que esta é direcionada àquele, isto é, tem por finalidade alguma modificação ali e, assim, reage a ele: nessa REAÇÃO consiste toda sua essência. A partir daqui já fica claro que, sem o motivo, a volição não poderia ocorrer, posto que lhe faltariam tanto a ocasião quanto o material. Mas então se questionaria se, quando esse objeto se encontra diante da faculdade de conhecimento, a volição TERIA DE ocorrer ou se, antes, uma outra, talvez até mesmo oposta, poderia surgir; portanto, se aquela reação poderia não acontecer ou se, sob circunstâncias completamente idênticas, aquela reação poderia suceder de maneira distinta ou até mesmo oposta. De maneira sucinta, isso significa: é a volição provocada com necessidade pelo motivo? Ou, antes, quando da entrada deste na consciência, mantém a vontade a completa liberdade para querer ou não querer? Aqui, portanto, o conceito de liberdade é tomado naquele sentido abstrato, anteriormente discutido, e que se provou ser o único aqui aplicável, como mera negação da necessidade, e, com isso, está estabelecido nosso problema. Porém, é na AUTOCONSCIÊNCIA imediata que temos de procurar os dados para sua solução, e, para esse fim, vamos examinar seus enunciados com precisão e não, mediante uma decisão sumária, cortar o nó, como DESCARTES que, sem mais, apresenta a seguinte consideração: *Libertatis autem et indifferentiae, quae in nobis est, nos ita conscios esse, ut nihil sit, quod evidentius et perfectius comprehendamus* (*Princ. phil.*, I, §41).* O inadmissível dessa consideração já foi repreendido por LEIBNIZ (*Theod.*, I, §50 e III, §292), que, no entanto, nesse mesmo ponto, era apenas um caniço ao vento e, depois das manifestações contraditórias, chegou finalmente ao resultado de que a vontade até seria inclinada pelos motivos, mas não tornada necessária. Com efeito, ele diz: *Omnes actiones sunt determinatae, et nunquam indifferentes, quia semper datur ratio inclinans quidem, non tamen necessitans, ut sic potius, quam aliter fiat.* (Leibniz, *De libertate: Opera*, p.669).** Isso me dá ensejo para observar que semelhante meio-termo entre as alternativas apresentadas não é sustentável e que não se pode dizer, conforme certa bobagem

* "[...] estamos de tal modo seguros da liberdade e da indiferença que existe em nós que não há nada que conheçamos mais claramente" (Descartes, *Princípios da filosofia*, p.41). (N. T.)

** "Todas ações são determinadas, e nunca indiferentes, porque sempre há uma razão que nos inclina, mesmo que ela não nos necessite, a agir de uma maneira e não de outra." (N. T.)

arbitrária, que os motivos apenas de certa maneira determinariam a vontade, que ela sofreria a influência deles, mas apenas até certo grau, e então poderia se furtar a eles. Pois tão logo tenhamos admitido causalidade a uma dada força, tão logo tenhamos, portanto, reconhecido que ela faz efeito; então, na presença de uma resistência qualquer, faz-se necessário apenas um aumento de intensidade da força, consoante a resistência, e aquela consumará seu efeito. Quem não se deixa corromper por 10 ducados, mas hesita, será corrompido por 100 etc.

Portanto, dirigimo-nos com nosso problema à AUTOCONSCIÊNCIA imediata no sentido que estabelecemos anteriormente. Que informação poderá essa autoconsciência nos dar a respeito daquela questão abstrata, a saber, da aplicabilidade ou não do conceito de NECESSIDADE à entrada em cena da volição em função do motivo dado, isto é, apresentado ao intelecto? Ou sobre a possibilidade ou impossibilidade de sua não ocorrência em semelhante caso? Estaríamos muito enganados se esperássemos dessa autoconsciência informações detalhadas e profundas sobre a causalidade em geral e, especificamente, sobre a motivação, assim como sobre a eventual necessidade que ambas carregam consigo, posto que essa autoconsciência, tal como existe em todos os seres humanos, é uma coisa demasiado simples e limitada para poder participar da discussão a respeito desse assunto. Antes, esses conceitos são forjados a partir do puro entendimento, que é orientado para fora, e só podem ser trazidos à linguagem diante do foro da razão reflexiva. Aquela autoconsciência natural, simples e até mesmo limitada, por outro lado, não pode sequer entender a questão, muito menos respondê-la. Seu enunciado sobre as volições, que qualquer um pode sondar em seu próprio íntimo, quando despido de tudo que lhe é estranho e inessencial e reconduzido a seu verdadeiro conteúdo, se deixa expressar mais ou menos assim: "eu posso querer e, quando eu quiser uma ação, os membros de meu corpo irão executá-la imediatamente, tão logo eu simplesmente queira, de maneira completamente inevitável". Isso significa, abreviadamente: "EU POSSO FAZER AQUILO QUE QUERO". Para além disso, o enunciado da autoconsciência imediata não vai, não importando o quanto nós o reviremos e nem de que forma a questão seja formulada. Seu enunciado sempre se relaciona, portanto, ao PODER AGIR CONFORME A VONTADE: mas esse é o conceito empírico, original e popular de liberdade apresentado logo no início, de acordo com o qual LIVRE significa "CONFORME A VONTADE". Essa liberdade será necessariamente enunciada pela autoconsciência. Mas não é aquela pela qual nós perguntamos. A autoconsciência enuncia a liberdade do AGIR, sob pressuposição do QUERER: mas é pela liberdade do QUERER que perguntamos. Investigamos, com efeito, a relação do querer mesmo com o motivo: a esse respeito, no entanto, aquele enunciado, "eu posso fazer aquilo que quero", não contém nada. A dependência de nosso agir, isto é, de nossas ações corporais, em relação a nossa vontade, que a autoconsciência certamente enuncia, é algo completamente diferente da independência de nossas volições em relação às circunstâncias externas, que é no que consistiria a liberdade da vontade, a respeito do que, no entanto, a autoconsciência nada pode dizer, porque isso se situa fora de sua esfera de atuação, na medida em que ela diz respeito à relação causal do mundo exterior (que nos é dado como consciência de outras coisas) sobre nossas decisões. A autoconsciência, no entanto, não é capaz de julgar a relação daquilo que se situa completamente fora do seu domínio com aquilo que está dentro dele. Pois nenhuma faculdade de conhecimento é capaz de estabelecer uma relação quando um dos membros desta não pode de maneira alguma lhe ser dada. Porém, é evidente que os OBJETOS do querer, que determinam precisamente a volição, se situam fora das fronteiras da AUTOCONSCIÊNCIA, na consciência DE OUTRAS COISAS; apenas a volição mesma se situa NA autoconsciência, e é pela relação causal daquelas com esta que se pergunta. Apenas a volição é assunto da autoconsciência, junto da soberania absoluta dela sobre os membros do corpo, que é geralmente o que propriamente se quer dizer com "aquilo que quero". Também é apenas o exercício dessa soberania, isto é, O ATO, que imprime sobre aquela, até mesmo para a autoconsciência, a marca da volição. Pois enquanto esta é compreendida em seu processo de vir a ser, ela se chama DESEJO e, quando concluída, DECISÃO; que ela seja essa última, apenas o ATO demonstra, até mesmo para a autoconsciência: pois até que se chegue ao ato, o desejo é modificável. E aqui nos encontramos já junto à fonte principal daquela ilusão cuja existência certamente não pode ser negada, em função da qual aquele que é ingênuo (isto é, filosoficamente despreparado) pensa que, em um dado caso, volições opostas lhe seriam possíveis, e o faz remetendo-se a sua autoconsciência, a qual, pretende ele, declara essa possibilidade. Com efeito, ele confunde desejar com querer. Ele pode DESEJAR coisas opostas,[1] mas QUERER apenas uma delas: e qual seria ela apenas O ATO revela, mesmo para a autoconsciência. Mas a respeito da regular necessidade por meio da qual, entre desejos opostos, um e não o outro se transforma em volição e ato, a autocons-

1 A esse respeito, ver *Parerga*, v.2, §327 da primeira edição. (N. A.)

ciência não pode conter nada, precisamente porque ela toma conhecimento do resultado completamente *a posteriori*, não o conhece *a priori*. Desejos opostos e seus motivos surgem e desaparecem diante dela, alternando-se e repetidamente: a respeito de cada um deles ela declara que irá se tornar ato quando se tornar volição. Pois essa última possibilidade, puramente SUBJETIVA, está de fato disponível a qualquer um e é precisamente aquele "posso fazer aquilo que quero". Mas essa possibilidade SUBJETIVA é completamente hipotética. Ela expressa meramente que: "se eu quero isso, posso FAZÊ-LO". Mas acontece que a determinação exigida para o querer não se situa aí, visto que a autoconsciência contém meramente o querer, não as razões que determinam o querer, que se situam na consciência de outras coisas, isto é, na faculdade de conhecimento. Por outro lado, é a possibilidade OBJETIVA que tem maior peso na decisão: mas ela se situa fora da autoconsciência, no mundo dos objetos, ao qual o motivo e o ser humano, enquanto objeto, pertencem; é, portanto, estranha à autoconsciência e pertence à consciência de outras coisas. Aquela condição SUBJETIVA é do mesmo tipo daquela, que se encontra na pedra, de emitir faíscas, mas que é condicionada pelo aço, ao qual se vincula a possibilidade OBJETIVA. Retornarei a esse ponto, abordando-o a partir do outro lado, na seção seguinte, na qual consideraremos a vontade não mais pelo lado de dentro, como aqui, mas pelo lado de fora e, assim, investigaremos a possibilidade OBJETIVA da volição. O assunto, então, depois de, desse modo, ter sido iluminado por dois lados diferentes, receberá seu completo esclarecimento e também será elucidado mediante exemplos.

Assim, o sentimento de "eu posso fazer aquilo que quero", que se situa na autoconsciência, nos acompanha constantemente, mas significa apenas que as decisões, ou nossas volições bem definidas, apesar de surgirem na profundeza obscura de nosso interior, sempre passarão imediatamente ao mundo intuitivo, posto que nosso corpo, como tudo o mais, pertence a ele. Essa consciência constrói a ponte entre o mundo interno e o externo, que, do contrário, permaneceriam separados por um abismo sem fundo, na medida em que no último se encontrariam meras intuições, como objetos, independentes de nós em todos os sentidos – e, no primeiro, volições completamente sem efeito e meramente sentidas. – Caso se perguntasse a uma pessoa totalmente ingênua, ela expressaria aquela consciência imediata, que tão frequentemente é tomada por aquela de uma pretensa liberdade da vontade, mais ou menos assim: "eu posso fazer aquilo que quero: caso queira ir para a esquerda, vou para a esquerda; caso queira ir para a direita, vou para a direita. Isso depende inteiramente apenas de minha vontade: sou, portanto, livre". Esse enunciado é, sem dúvida, completamente verdadeiro e correto; só que nele a vontade já aparece na pressuposição: com efeito, ele assume que a pessoa já teria se decidido. Assim, por meio disso não se pode concluir nada a respeito de seu próprio ser-livre. Pois ele não fala de modo algum a respeito da dependência ou independência da OCORRÊNCIA da volição mesma, mas apenas das CONSEQUÊNCIAS desta tão logo ela ocorra, ou, para falar de maneira mais precisa, a respeito de sua inevitável aparição como ação corporal. Mas é a consciência que subjaz àquele enunciado que, completamente sozinha, faz que aquela pessoa ingênua, isto é, filosoficamente despreparada – que ao mesmo tempo, no entanto, pode ser um grande erudito em outras áreas –, tome a liberdade da vontade por algo tão imediatamente certo, de modo que ela a expressa como verdade indubitável e realmente não pode acreditar que os filósofos duvidem seriamente dela; antes, em seu íntimo, aquela pessoa pensa que todo o discurso a esse respeito seria mero exercício de esgrima da dialética escolástica e, no fundo, uma piada. Mas precisamente porque a certeza, dada mediante aquela consciência e certamente importante, sempre lhe está ao alcance da mão, e, além disso, porque o ser humano, como um ser primeira e essencialmente prático, não teórico, toma consciência muito mais do lado ativo de suas volições, isto é, do lado da efetividade destas, do que do PASSIVO, isto é, do de sua dependência; então é muito difícil tornar palpável à pessoa filosoficamente despreparada o verdadeiro sentido de nosso problema e fazê-la compreender que a pergunta não é pelas CONSEQUÊNCIAS, mas pelos FUNDAMENTOS de seu querer em cada situação. Seu AGIR certamente dependeria totalmente apenas de seu QUERER, mas agora exigir-se-ia saber do que SEU QUERER MESMO dependeria – de absolutamente nada? de alguma coisa? Ele poderia certamente FAZER uma coisa, caso quisesse, e poderia igualmente FAZER uma outra, caso quisesse: mas agora ele deveria refletir se ele afinal seria capaz de QUERER tanto uma quanto a outra. Caso, com essa intenção, se faça a pergunta a essa pessoa mais ou menos da seguinte maneira: "podes, entre os motivos opostos que surgiram em ti, seguir tanto um quanto o outro? Por exemplo, em uma escolha entre dois objetos de posse mutuamente excludentes, dar preferência a um tanto quanto ao outro?", então ela dirá: "Talvez a escolha seja difícil para mim: no entanto, sempre dependerá única e exclusivamente de mim, e de nenhum outro poder, se eu QUERO escolher uma ou a outra. Nesse caso eu tenho total liberdade de escolher qual eu QUERO, e com isso estarei seguindo sempre única e exclusivamente minha VONTADE". – Caso agora se diga: "mas teu querer mesmo, do que ele depende?", então a pessoa responde, a partir da autoconsciência: "de absolutamente nada além de mim! Eu posso querer aquilo que quero: eu quero aquilo que quero". – E essa última parte ela diz sem ter a intenção da tautologia ou mesmo de, ainda que apenas no mais íntimo de sua consciência, apoiar-se no princípio de identidade, unicamente em função do qual aquilo é verdadeiro. Antes, levada aqui ao extremo, ela fala de um querer do seu querer, o que é como se ela falasse de um Eu de seu Eu. Ela foi conduzida de volta ao cerne de sua autoconsciência, onde se depara com seu Eu e sua vontade como indistinguíveis, mas não resta nada que possa julgar a ambos. Se, naquela escolha, seu QUERER MESMO uma daquelas coisas e não a outra poderia, de alguma maneira, resultar de forma diversa daquela que, afinal, resulta, uma vez que sua pessoa e os objetos da escolha são assumidos como dados; ou se, mediante precisamente os dados fornecidos, aquela escolha é tão necessariamente determinada como o fato de que, no triângulo, o maior lado se situa no lado oposto ao maior ângulo; essa é uma questão que se situa tão distante da AUTOCONSCIÊNCIA natural que ela nem sequer pode chegar a sua compreensão, muito menos portar em si uma resposta pronta, ou mesmo apenas em germe, não desenvolvida, nem ter de fornecê-la, ingenuamente, a partir de si mesma. – Da maneira indicada, portanto, uma pessoa imparcial, mas filosoficamente despreparada, diante da perplexidade que a questão, se realmente compreendida, tem de provocar, sempre tentará se refugiar detrás daquela certeza imediata de que "aquilo que quero, posso fazer, e quero aquilo que quero", como dito antes. E ela sempre tentará fazer isso novamente, incontáveis vezes, de modo que será difícil fazê-la parar diante da questão da qual ela sempre procura se esquivar. E não se deve levá-la a mal por isso: pois a questão é de fato extremamente inquietante. Ela agarra com mão inquisitiva a essência mais íntima do ser humano. Essa questão quer saber se também ele, como tudo o mais no mundo, é um ser determinado de uma vez por todas por sua constituição mesma, um ser que, como todos os outros na natureza, teria suas propriedades definidas e permanentes, a partir das quais suas reações a circunstâncias externas que vão aparecendo procedem necessariamente, e as quais, por conseguinte, manifestam seu caráter, desse ponto de vista imutável; e, consequentemente, quer saber se, naquilo que nessas propriedades eventualmente pode haver de modificável, elas estão inteiramente entregues à determinação por meio de circunstâncias que vêm de fora, ou se o ser humano sozinho seria uma exceção em toda a natureza. No entanto, caso se consiga fazer aquela pessoa parar diante dessa questão tão séria e deixar-lhe claro que aqui o que se investiga é a própria origem das volições mesmas, a eventual regra ou a total ausência de regra de seu surgimento; então se descobrirá que a imediata autoconsciência não contém informação nenhuma a esse respeito, na medida em que a pessoa ingênua se desvia da questão e expõe sua perplexidade mediante ponderação e todo tipo de tentativas de explicação, cujas razões ela ora tenta obter na experiência, observada em si mesma e em terceiros, ora em regras gerais do entendimento; com isso, no entanto, mediante a incerteza e a hesitação em suas explicações, mostra de maneira suficiente que sua autoconsciência imediata não fornece informação alguma a respeito da questão compreendida corretamente, tal como já era o caso antes, com aquela compreendida de maneira equivocada. Isso se deve, em última instância, ao fato de que a vontade do ser humano é propriamente seu eu, o verdadeiro cerne de seu ser: ela mesma constitui, portanto, o fundamento de sua consciência, como algo simplesmente dado e existente, para além do que ele não consegue ir. Pois ele mesmo é como ele quer e quer como é. É por isso que perguntar-lhe se ele poderia querer de maneira diferente significa perguntar-lhe se ele por acaso poderia ser algo diferente de si mesmo: e isso ele não sabe. Precisamente por isso o filósofo, que se diferencia daquela pessoa ingênua meramente pelo treino, quando quer ter clareza nessa difícil situação, tem de se dirigir ao seu entendimento, que fornece conhecimentos *a priori*, à razão, que reflete sobre esses últimos, e à experiência, que traz para diante dele o agir dele mesmo e de outros com a finalidade de interpretar e verificar aqueles conhecimentos do entendimento. – Entendimento, razão e experiência que, em conjunto, são a última e unicamente competente instância, cuja decisão certamente não será tão fácil, imediata e simples como a da autoconsciência, mas, por outro lado, irá direto ao ponto e será satisfatória. Foi a cabeça que propôs a questão e é ela também que tem de respondê-la.

A propósito, não deve nos surpreender que a autoconsciência não possa exibir nenhuma resposta àquela questão abstrusa, especulativa, difícil e inquietante. Pois aquela é uma parte muito reduzida de nossa consciência como um todo, que em seu interior obscuro, com todas as suas forças objetivas de conhecimento, se dirige completamente para fora. Todos os seus conhecimentos completamente certos, isto é, certos *a priori*, dizem respeito somente ao mundo exterior, e aí ela pode decidir, de acordo com certas leis gerais, que se enraízam nela mesma, o que é possível e o que é impossível, o que é necessário e, assim, por esse caminho, estabelece *a priori* a matemática pura, a lógica pura e até mesmo a ciência pura e fundamental da natureza. Em primeiro lugar, a aplicação de suas formas conhecidas *a priori* aos dados fornecidos na percepção sensorial lhe fornece o mundo intuitivo e real e, com isso, a experiência: posteriormente, a aplicação, àquele mundo externo, da lógica e da capacidade de pensar subjacente a ela, fornecerá os conceitos, o mundo do pensamento e, através dele, por sua vez, a ciência e seus resultados e assim por diante. Assim, DO LADO DE FORA, encontra-se diante de seus olhos grande brilho e clareza. Mas DO LADO DE DENTRO é escuro como dentro de um telescópio bastante enegrecido: nenhum princípio *a priori* ilumina a noite de seu próprio interior; antes, esses faróis emitem luz só para o lado de fora. Como discutido antes, no assim chamado sentido interno não se encontra nada além da própria vontade, a cujos movimentos todos os assim chamados sentimentos internos podem ser reconduzidos. Mas tudo o que essa percepção interior da vontade fornece, como foi mostrado, retorna ao querer e não querer, juntamente com a exaltada certeza de que "aquilo que eu QUERO eu posso FAZER", o que realmente significa: "eu vejo cada uma de minhas volições se apresentar imediatamente (de uma maneira totalmente incompreensível para mim) como uma ação de meu corpo" – e que, a rigor, para o sujeito cognoscente é uma proposição empírica. Para além disso, nada mais pode ser encontrado aqui. Para a questão proposta, o tribunal ao qual nos dirigimos é incompetente: sim, em seu verdadeiro sentido, ela não pode sequer ser levada para diante dele, posto que ele não a entende.

Resumo agora novamente a resposta a nosso questionamento, recebida da autoconsciência, em uma formulação mais curta e simples. A AUTOCONSCIÊNCIA de cada um enuncia muito claramente que ele pode fazer aquilo que quer. Agora, posto que ações totalmente opostas podem ser pensadas como por ele QUERIDAS, segue-se, certamente, que ele também pode fazer algo oposto, CASO ELE QUEIRA. Isso o entendimento não refinado confunde com o fato de que, em um dado caso, ele poderia QUERER algo oposto, e chama isso de LIBERDADE DA VONTADE. Mas acontece que simplesmente não está contido no enunciado apresentado que, em um caso dado, ele poderia querer o oposto, mas apenas que, entre duas ações opostas, ele, caso QUEIRA UMA, pode fazê-la, e caso QUEIRA OUTRA, pode igualmente fazê-la. Mas se ele, no caso dado, PODERIA QUERER tanto uma quanto a outra, isso é algo que permanece em aberto e é objeto de uma investigação mais aprofundada do que a que pode ser decidida pela mera autoconsciência. A fórmula mais curta, embora escolástica, para esse resultado poderia ser: o enunciado da autoconsciência diz respeito à vontade meramente *a parte post*;* a questão a respeito da liberdade, por outro lado, *a parte ante*.** – Então aquele inegável enunciado da autoconsciência de que "eu posso fazer aquilo que quero" não contém e não decide absolutamente nada sobre a liberdade da vontade, que consistiria no fato de que, cada volição mesma, num caso único e individual e, portanto, diante de um dado caráter individual, não seria determinada de maneira necessária por meio das circunstâncias externas nas quais essa pessoa aqui se encontra, mas, antes, poderia resultar, nesse momento, de uma maneira e também de outra. Mas, a esse respeito,

* "Tendo em vista aquilo que vem depois." (N. T.)

** "Tendo em vista aquilo que vem antes." (N. T.)

a autoconsciência permanece completamente muda: pois a questão se situa completamente fora de seu domínio, posto que ela repousa sobre a relação causal entre o mundo exterior e o ser humano. Quando se pergunta a uma pessoa de bom senso, mas sem formação filosófica, no que afinal consistiria a liberdade da vontade por ela defendida de maneira tão confiante a partir do enunciado de sua autoconsciência, então ela responderá: "no fato de que posso fazer aquilo que quero, se não estiver fisicamente impedido". Portanto, é sempre a respeito da relação de seu FAZER com seu QUERER que ela fala. Mas isso, como mostrado na primeira seção, é ainda meramente a liberdade FÍSICA. Caso se lhe pergunte ainda se ela, então, num dado caso, poderia QUERER tanto uma coisa como seu oposto, ela responderá afirmativamente, a princípio com entusiasmo. No entanto, assim que ela começar a entender o sentido da pergunta, começará também a ficar reflexiva, e cairá finalmente em incerteza e confusão e, por causa desta, preferirá novamente se salvar atrás de sua proposição "eu posso fazer aquilo que quero" e entrincheirá-la contra todo arrazoamento e argumentação. Mas a resposta corrigida para sua proposição, como eu pretendo, na próxima seção, estabelecer para além de qualquer dúvida, seria: "tu podes FAZER aquilo que QUERES: mas tu podes, em cada momento de tua vida, QUERER apenas uma coisa determinada, e absolutamente nada além dela".

Mediante a discussão contida nesta seção, a questão da Sociedade Real já estaria propriamente respondida e, mais precisamente, de forma negativa, ainda que apenas no assunto principal, na medida em que essa apresentação do estado de coisas na autoconsciência ainda receberá alguma complementação naquilo que se segue. Mas acontece que, também para essa nossa resposta negativa, existe, em UM caso, uma possibilidade de verificação. Com efeito, se nós agora nos dirigimos com a questão àquela autoridade, à qual, no que precede, fomos remetidos como sendo a única competente, a saber, o puro entendimento, a razão que reflete sobre os dados deste, e a experiência, que surge como consequência de ambos; caso nos dirijamos a essa autoridade e seu veredito seja o de dizer algo no sentido de que um *liberum arbitrium* não existe, mas sim que o agir do ser humano, como tudo o mais na natureza, em um dado caso se seguiria como um efeito que ocorre necessariamente; isso nos daria mais uma vez a certeza de que dados a partir dos quais se poderia provar o *liberum arbitrium*, pelo qual se pergunta, não PODEM SEQUER SE SITUAR na autoconsciência. Mediante o que, por meio da conclusão *a non posse ad non esse*,* a qual é a única via para se constatar *a priori* verdades NEGATIVAS, nossa decisão receberia, em adição à fundamentação empírica até então apresentada, também uma racional, e assim, então, estaria duplamente assegurada. Pois uma clara contradição entre os enunciados imediatos da autoconsciência e os resultados a partir dos princípios fundamentais do entendimento puro, junto a sua aplicação à experiência, não pode ser assumida como possível: semelhante consciência mendaz não pode ser a nossa. Nesse sentido pode-se notar que mesmo a suposta antinomia estabelecida por KANT a respeito desse tema, mesmo em sua própria obra, não surge por meio de algo como o fato de que tese e antítese resultariam de diferentes fontes do conhecimento, aquela talvez de enunciados da autoconsciência,

* "Da impossibilidade à não realidade" (Do fato de que algo é impossível, pode-se concluir que não é real). (N. T.)

e, esta, da razão e da experiência; antes, ambas produzem tese e antítese falaciosamente a partir de fundamentos supostamente objetivos. Mas a tese não se apoia em nada senão na razão indolente, isto é, na necessidade de em algum momento encontrar um ponto onde parar no regresso infinito. A antítese, por outro lado, tem realmente a seu favor todos os fundamentos objetivos.

Portanto, essa investigação INDIRETA a ser agora executada, mantendo-se no terreno da faculdade de conhecimento e do mundo exterior que se encontra diante desta, irá simultaneamente jogar muita luz de volta sobre a DIRETA que foi até agora executada e, assim, servir de complemento a esta, ao revelar os enganos naturais que surgem da interpretação equivocada daquele enunciado tão extremamente simples da autoconsciência quando esta se choca com a consciência de outras coisas, que é a faculdade de conhecimento e que, juntamente com a autoconsciência, se enraíza em um e o mesmo sujeito. Sim, somente na conclusão dessa investigação indireta compreenderemos finalmente os verdadeiros sentido e conteúdo daquele "eu quero", que acompanha todas nossas ações, e da consciência da originalidade e da autonomia, em virtude da qual aquelas são NOSSAS ações. Somente por meio disso a investigação direta até aqui conduzida terá sido completada.

III
A vontade diante da consciência de outras coisas

Se agora nos voltamos à faculdade de conhecimento com nosso problema, já sabemos de antemão que, posto que essa faculdade se dirige essencialmente para fora, a vontade não pode ser para ela um objeto da percepção imediata tal como o era para a autoconsciência, que, ainda assim, foi avaliada como incompetente em nosso assunto; antes, sabemos que aqui apenas os SERES dotados de vontade podem ser considerados, os quais se encontram diante da faculdade de conhecimento como aparições objetivas e exteriores, isto é, como objetos da experiência, e, daqui em diante, é como tais que devem ser investigados e julgados. Em parte, de acordo com regras universais para a experiência em geral que, segundo sua possibilidade, são estabelecidas e certas *a priori*; em parte, de acordo com os fatos que a experiência já acabada e realmente disponível fornece. Aqui, portanto, não lidamos mais, como antes, com a VONTADE mesma, tal como ela pode ser percebida somente pelo sentido interno, mas sim com os SERES que querem, que são MOVIDOS PELA VONTADE, os quais são objetos do sentido externo. Agora, se através disso somos colocados no ponto desvantajoso de ter de observar o verdadeiro objeto de nossa investigação apenas de maneira mediada e de uma distância maior, ele será superado pela vantagem de que agora podemos nos servir, em nossa investigação, de um instrumento muito mais completo do que o era a autoconsciência obscura, limitada, unilateral e direta, o assim chamado sentido interno. Podemos nos servir, com efeito, do ENTENDIMENTO, equipado com todos os sentidos externos e todas as forças para uma apreensão OBJETIVA.

Como a forma mais geral e fundamentalmente essencial desse entendimento, encontramos a LEI DE CAUSALIDADE, posto que até mesmo apenas através de sua intermediação é que surge a intuição do mundo real exterior; forma em função da qual nós apreendemos as afecções e modificações percebidas em nossos órgãos dos sentidos de uma só vez e de maneira completamente imediata como "EFEITOS" e, num piscar de olhos, fazemos a passagem (sem orientação, instrução ou experiência) delas para suas "CAUSAS", as quais, precisamente por meio desse processo do entendimento, se apresentam agora como OBJETOS NO ESPAÇO.[1] * A partir daqui fica claro, de maneira irrefutável, que a LEI DE CAUSALIDADE é conhecida por nós *a priori*, consequentemente como algo NECESSÁRIO do ponto de vista da possibilidade de toda experiência em geral, sem que precisemos da prova indireta, difícil e até mesmo insuficiente que KANT deu dessa importante verdade. A lei de causalidade é certa *a priori* como a regra geral à qual todos os objetos reais do mundo exterior, sem exceção, são submetidos. Ela deve essa ausência de exceção

1 A exposição detalhada dessa teoria se encontra na dissertação sobre o princípio de razão, §21 da segunda edição. (N. A.)

* Ver *Sobre a quadrúplice raiz do princípio de razão suficiente*, p.131-97. (N. T.)

precisamente a sua aprioridade. Essa lei se relaciona essencial e exclusivamente a MODIFICAÇÕES e declara que, em qualquer lugar e a qualquer momento em que uma coisa qualquer no mundo objetivo, material e real, seja ela grande ou pequena, se MODIFICA, muito ou pouco, é necessário que imediatamente ANTES alguma outra coisa também tenha se MODIFICADO; e para que ESTA ÚLTIMA se MODIFICASSE, por sua vez, também uma outra ANTES DELA, e assim até o infinito, sem que fosse em algum momento possível entrever, ou mesmo pensar como possível, muito menos pressupor, um ponto inicial qualquer para essa sequência regressiva de modificações que preenche o tempo, assim como a matéria o faz com o espaço. Pois a questão que incansavelmente se renova, "o que provocou essa modificação?", jamais permite que o entendimento encontre um ponto de repouso definitivo, por mais que ele possa se cansar nesse processo. Razão pela qual uma primeira causa é precisamente tão impensável quanto um início do tempo ou um limite do espaço. – Não menos do que isso, a lei de causalidade declara também que, quando uma modificação prévia – A CAUSA – ocorreu, aquela que foi provocada por meio desta – O EFEITO – tem de ocorrer de maneira totalmente inevitável e, portanto, se segue NECESSARIAMENTE. Mediante esse caráter de NECESSIDADE, a lei de causalidade se mostra como uma figura do PRINCÍPIO DE RAZÃO, o qual é a forma mais geral de nossa faculdade de conhecimento como um todo, e, assim como no mundo real ele aparece como causalidade, da mesma maneira ele o faz no mundo do pensamento como lei lógica da razão de conhecimento, e até mesmo no espaço vazio, mas intuído *a priori*, como lei da rigidamente necessária e mútua dependência entre si das posições de todas as partes daquele – necessária dependência cuja prova especial e detalhada é o único tema da geometria. É precisamente por isso que, como já discuti no início, SER NECESSÁRIO e SER CONSEQUÊNCIA DE UM FUNDAMENTO DADO são conceitos intercambiáveis.

Todas as MODIFICAÇÕES que acontecem nos objetos que se situam no mundo real objetivo se submetem, portanto, à lei de CAUSALIDADE, e ocorrem, quando e onde elas ocorrem, sempre como NECESSÁRIAS e inevitáveis. Para isso não pode haver uma exceção, visto que a regra é estabelecida *a priori* para toda possibilidade da experiência. Em relação a sua APLICAÇÃO em um dado caso, no entanto, deve-se apenas perguntar se se trata de uma MODIFICAÇÃO de um objeto real dado na experiência exterior: se for esse o caso, suas modificações se submetem à aplicação da lei de causalidade, isto é, elas têm de ser provocadas por uma causa e, justamente por isso, de maneira NECESSÁRIA.

Se agora, com nossa regra geral, certa *a priori* e, por isso, válida sem exceção para toda experiência possível, nos aproximamos dessa experiência mesma, e consideramos os objetos reais nela dados, com cujas eventuais modificações nossa regra se relaciona, então logo notamos nesses objetos algumas diferenças fundamentais profundamente decisivas, em função das quais esses objetos já desde há muito tempo são classificados: a saber, eles são em parte inorgânicos, isto é, sem vida, em parte orgânicos, isto é, vivos, e estes, por sua vez, são em parte, plantas, em parte, animais. Esses últimos, por sua vez, ainda que, naquilo que é essencial, sejam semelhantes entre si e correspondam a seu conceito, nós vemos aparecer em uma escala de desenvolvimento extremamente variada e sutilmente nuançada, indo desde aqueles ainda muito aparentados à planta e dela difícil de distinguir, até aos mais acabados, correspondendo da maneira mais perfeita ao conceito de animal: no topo dessa escala vemos o ser humano – nós mesmos.

Caso agora consideremos todos esses seres em conjunto apenas como componentes objetivos e reais da experiência, sem nos deixarmos confundir por aquela variedade, e caso passemos, em conformidade com isso, à aplicação de nossa lei de causalidade, certa *a priori* para a possibilidade de toda experiência, às eventuais modificações que ocorrem com aqueles seres, então constataremos que a experiência por toda parte se sucede, sim, conforme essa lei certa *a priori*, mas que àquela grande DIFERENÇA evocada, a diferença na essência de todos aqueles objetos da experiência, corresponde uma proporcional modificação na maneira como a causalidade exerce seu poder sobre eles. Mais precisamente: vê-se, correspondendo à tríplice diferença entre corpos inorgânicos, plantas e animais, a lei de causalidade, que guia todas suas modificações, manifestando-se igualmente sob três formas, a saber, como CAUSA no sentido estrito da palavra, ou como ESTÍMULO, ou como MOTIVAÇÃO – sem que por meio dessa modificação sua validade *a priori* e, consequentemente, a necessidade da ocorrência por ela estabelecida seja minimamente reduzida.

A CAUSA, no sentido estrito da palavra, é aquela em virtude da qual ocorrem todas as modificações mecânicas, físicas e químicas dos objetos da experiência. Ela se caracteriza em toda parte por dois traços distintivos: em primeiro lugar pelo fato de que nela a terceira lei newtoniana fundamental, de que "ação e reação são idênticos um ao outro", encontra sua aplicação: isto é, o estado precedente, que se chama causa, sofre uma modificação idêntica à do que o sucede, que se chama efeito. – Em segundo lugar pelo fato de que, conforme a segunda lei de

Newton, o grau do efeito é sempre precisamente proporcional ao grau da causa. Consequentemente, uma intensificação desta provoca também uma igual intensificação daquele. De maneira que, caso apenas o tipo de efeito seja conhecido, pode-se imediatamente saber, medir e calcular, a partir do grau de intensidade da causa, também o grau do efeito, e vice-versa. No caso da aplicação empírica desse segundo traço distintivo, no entanto, não se deve confundir o real efeito com sua manifestação aparente. Por exemplo, não se deve esperar que, quando da compressão de um corpo, sua dimensão se reduza continuamente na proporção em que aumenta a força que o comprime. Pois o espaço para o qual se força o corpo se reduz cada vez mais, e a resistência, consequentemente, aumenta: e se, agora, o real efeito, que é o adensamento, também aqui cresce de acordo com a causa, como declara a lei de Mariotte, isso não pode, no entanto, ser entendido a partir daquela sua manifestação aparente. Além disso, calor transmitido à água provocará aquecimento apenas até certo grau, para além do qual ele provoca apenas uma rápida evaporação. Mas nessa ocorre novamente a mesma proporção entre o grau da causa e o do efeito: e assim acontece em muitos casos. Semelhantes CAUSAS EM SENTIDO ESTRITO são aquilo que provoca a modificação de todos os corpos INANIMADOS, isto é, INORGÂNICOS. O conhecimento e a pressuposição de causas desse tipo conduzem à consideração de todas as modificações que são o objeto da mecânica, da hidrodinâmica, da física e da química. Ser determinado de maneira exclusiva por causas desse tipo é, então, o verdadeiro e essencial traço distintivo de um corpo inorgânico ou inanimado.

O segundo tipo de causas é o ESTÍMULO, isto é, aquela causa que, em primeiro lugar, NÃO sofre uma reação proporcional a sua ação e, em segundo lugar, entre sua intensidade e a intensidade do efeito não há qualquer uniformidade. Consequentemente, aqui o grau do efeito não pode ser medido e determinado previamente em função do grau da causa; antes, um pequeno aumento do estímulo pode causar um muito grande do efeito, ou, ao contrário, suspender o efeito anterior e até mesmo provocar um oposto. Por exemplo, plantas, como se sabe, podem ser levadas a um crescimento extraordinariamente rápido mediante calor, ou mediante cal misturada à terra, na medida em que aquelas causas atuam como estímulos a sua força vital. Caso, no entanto, o grau adequado do estímulo seja aqui ultrapassado em um pouco, então a consequência será, ao invés da vida intensificada e acelerada, a morte da planta. Da mesma maneira também podemos estimular e elevar consideravelmente nossa força intelectual mediante vinho ou ópio; mas, caso a certa medida do estímulo seja ultrapassada, a consequência será exatamente a oposta. – Esse tipo de causas, os ESTÍMULOS, portanto, são as que determinam todas as modificações dos organismos ENQUANTO TAIS. Todas as modificações e desenvolvimentos das plantas, e todas modificações ou funções meramente orgânicas e vegetativas de corpos animais se dão em resposta a ESTÍMULOS. Dessa maneira, atuam sobre eles a luz, o calor, o ar, a nutrição, todo fármaco, todo contato, toda fertilização etc. – Enquanto a vida dos animais possui ainda todo um outro domínio, a respeito do qual falarei em breve, toda a vida das PLANTAS, por outro lado, se dá exclusivamente em conformidade a ESTÍMULOS. Toda sua assimilação, todo seu crescimento, todo esforço da coroa em busca de luz, das raízes pelo melhor solo, sua fertilização, germinação etc., tudo isso é modificação por ESTÍMULOS. Em poucas e isoladas espécies, soma-se a isso ainda um rápido movimento peculiar, que ocorre igualmente apenas por estímulos, e por causa dos quais elas são chamadas de plantas sensitivas. Como se sabe, estas são principalmente a *Mimosa pudica*, a *Hedysarum gyrans* e a *Dionaea muscipula*. Ser determinado exclusivamente e sem exceção por meio de ESTÍMULOS é o caráter da planta. Assim, PLANTA é todo corpo cujos movimentos e modificações peculiares e adequados a sua natureza se seguem sempre e exclusivamente a ESTÍMULOS.

O terceiro tipo das causas motrizes é aquele que designa o caráter dos ANIMAIS: é a MOTIVAÇÃO, isto é, a causalidade que passa pelo CONHECIMENTO. Ela entra em cena, na sequência dos seres naturais, naquele ponto no qual um ser mais complexo e, portanto, que possui variadas necessidades, não podia mais satisfazer estas últimas meramente por ocasião do estímulo, que, como tal, é algo pelo que se tem de esperar. Antes, ele teve de estar em condições de escolher, capturar e até mesmo de procurar os meios para aquela satisfação. Por isso, entra em cena, nos seres desse tipo, no lugar da mera suscetibilidade a ESTÍMULOS e do movimento em função destes, a suscetibilidade a MOTIVOS, isto é, uma faculdade de representação, um intelecto, em incontáveis níveis de perfeição, que se apresenta materialmente como sistema nervoso e cérebro, e, precisamente com isso, entra em cena a consciência. É fato conhecido que à vida animal uma vida vegetal serve de base, que, como tal, se dá apenas em resposta a ESTÍMULOS. Mas todos os movimentos que o animal executa ENQUANTO ANIMAL e que, precisamente por isso, dependem daquilo que a fisiologia chama de FUNÇÕES ANIMAIS, acontecem em consequência de um objeto conhecido, portanto, MEDIANTE MOTIVOS. Por conseguinte, é um ANIMAL todo corpo cujos movimentos externos e modificações peculiares e adequados a sua natureza se seguem sempre e exclusivamente A MOTIVOS, isto é, a certas REPRESENTAÇÕES, presentes diante de sua já aqui pressuposta consciência. Por mais que a capacidade para representações e, precisamente com isso, a consciência, possam ter infinitas gradações ao longo da série dos animais, no entanto, existe em todos eles o suficiente delas para que o motivo se lhes apresente e ocasione seu movimento. Com o que a força motriz interior, cuja única manifestação é provocada por meio do motivo, se apresenta à agora existente autoconsciência como aquilo que nós designamos com a palavra VONTADE.

Porém, se um dado corpo se movimentaria reagindo a ESTÍMULOS ou a MOTIVOS, isso é algo que nunca pode estar sujeito à dúvida, nem mesmo para a observação a partir do lado de fora, que é o nosso ponto de vista aqui, tendo em conta quão evidentemente diferente é o tipo de atuação de um estímulo em relação ao de um motivo. Pois o estímulo atua sempre mediante contato imediato ou até mesmo mediante intussuscepção, e, mesmo onde este não é visível, como quando o estímulo é o ar, a luz, ou o calor, ainda assim ele se revela por meio do fato de que o efeito possui uma relação inconfundível com a duração e a intensidade do estímulo, ainda que essa relação não permaneça a mesma em todos os graus do estímulo. Por outro lado, onde é um MOTIVO o que causa o movimento, todas essas diferenças desaparecem. Pois aqui o verdadeiro e primeiro meio de atuação do efeito não é a atmosfera, mas apenas o CONHECIMENTO. O objeto que atua como motivo não precisa de absolutamente nada além de ser PERCEBIDO, CONHECIDO; processo no qual é completamente indiferente por quanto tempo, se de perto ou à distância, e quão claramente ele chegou à percepção. Todas essas diferenças não modificam de maneira alguma o grau do efeito aqui. Assim que ele for simplesmente percebido, atuará exatamente da mesma maneira, assumindo que ele seja de alguma forma uma razão de determinação da vontade a ser estimulada aqui. Pois também as causas físicas e químicas, assim como os estímulos, atuam igualmente apenas na medida em que os corpos a serem afetados sejam SUSCETÍVEIS a elas. Eu acabei de dizer "da vontade a ser estimulada" porque, como já foi mencionado, é na condição daquilo que a palavra VONTADE designa que se apresenta ao ente mesmo, em seu interior e de maneira imediata, aquilo que verdadeiramente confere ao motivo a força para agir, a mola propulsora secreta do movimento provocado por esse mesmo motivo. No caso dos corpos que se movimentam exclusivamente em resposta a estímulos (plantas), chamamos aquela condição permanente e interior de força vital; no caso dos corpos que se movimentam apenas em resposta a causas em sentido estrito, nós a chamamos de força natural ou qualidade. Ela é sempre pressuposta pelas explicações como aquilo que é inexplicável, pois aqui, no interior dos seres, não há uma autoconsciência à qual ela seria imediatamente acessível. Agora, se essa condição interior da reação deles a causas exteriores, que se situa em semelhantes seres desprovidos de conhecimento e até mesmo de vida, eventualmente seria – caso se quisesse investigar, partindo da APARÊNCIA EM GERAL, aquilo que KANT chama de coisa em si –, segundo sua essência, idêntica àquilo que, em nós, chamamos de VONTADE, como um filósofo recentemente realmente nos quis demonstrar – isso eu deixo em aberto, sem, contudo, querer diretamente contestá-lo.[2]

---

2 Entende-se que eu aqui me refiro a mim mesmo, e apenas por causa da necessidade de manter-me incógnito não pude falar na primeira pessoa. (N. A.)

Por outro lado, não posso deixar de discutir a diferença que, no caso da motivação, apresenta aquilo que é distintivo da consciência humana diante da de qualquer animal. Essa coisa, que a palavra RAZÃO propriamente designa, consiste no fato de que o ser humano não é capaz apenas da apreensão INTUITIVA do mundo, como é o caso com o animal, mas, a partir dessa apreensão, tem a capacidade de abstrair conceitos gerais (*notiones universales*), os quais ele, para poder fixá-los e retê-los em sua consciência sensível, designa com palavras e, agora, com isso, executa um sem-número de combinações. Combinações essas que, assim como os conceitos, dos quais elas são compostas, sempre se relacionam com o mundo intuitivamente conhecido, mas que, no entanto, constituem propriamente aquilo que se chama PENSAMENTO e por meio do que se tornam possíveis as grandes prerrogativas do gênero humano diante de todos os demais, a saber: linguagem, discernimento, olhar dirigido àquilo que já passou, preocupação em relação ao que está por vir, intenção, premeditação, ação planejada em comunidade com muitos indivíduos, Estado, ciências, artes etc. Tudo isso se assenta na capacidade única de possuir representações não intuitivas, abstratas e gerais, as quais são chamadas de CONCEITOS (isto é, compêndios* das coisas), porque cada um desses compreende em si muitas

* Traduzimos por "conceitos" e "compêndios" os termos "*Begriffe*" e "*Inbegriffe*", formas plurais de "*Begriff*" e "*Inbegriff*". Para a tradução de "*Inbegriffe*" por "compêndios", adotamos a opção de Oswaldo Giacoia Jr. e Gabriel Valladão Silva em sua tradução de *Sobre a quadrúplice raiz do princípio de razão suficiente*, op. cit., que conta com uma esclarecedora nota (p.225) a respeito da relação entre os termos envolvidos: "O termo alemão *Begriff* ('conceito') deriva do verbo *greifen* ('pegar', 'agarrar'). Schopenhauer chama a atenção para esse

coisas individuais. Aos animais falta essa capacidade, mesmo aos mais inteligentes deles: eles não têm, portanto, nenhuma representação além das INTUITIVAS, e conhecem, por conseguinte, apenas aquilo que é imediatamente presente, vivem somente no presente. Assim, os motivos, mediante os quais sua vontade é movida, têm sempre de ser intuitivos e de estar presentes. Mas é daqui que se extrai a consequência de que a eles é permitida uma ESCOLHA extremamente limitada, mais precisamente a que se dá meramente entre aquilo que se encontra intuitivamente ao alcance de seu limitado campo de visão e de sua faculdade de apreensão, e que, portanto, está presente no tempo e no espaço; entre essas coisas, aquilo que, como motivo, é mais forte, determina imediatamente sua vontade – mediante o que a causalidade do motivo se torna aqui bastante evidente. Uma APARENTE exceção a isso é o ADESTRAMENTO, o qual é o medo que atua através do hábito como mediador; uma, de certa forma, REAL é o instinto, na medida em que, em virtude dele, o animal, no TODO de sua forma de agir, é posto em movimento não propriamente mediante motivos, mas mediante tendência e impulso internos; instinto que, no entanto, recebe sua determinação mais precisa, no detalhe das ações INDIVIDUAIS e a todo momento, novamente mediante motivos e, portanto, retorna à regra. A discussão mais detalhada a respeito do instinto me desviaria aqui para muito longe de meu tema: a ela é dedicado o capítulo 27 do segundo

---

sentido literal ao caracterizar o conceito como um *Inbegriff* ('compêndio', 'coleção'), isto é, algo que 'compreende' (*begreift*) várias representações em si. Também a raiz latina dos termos 'conceito' e 'concepção' (*com* ['junto'] + *capere* ['pegar', 'segurar']) possui esse sentido". (N. T.)

tomo de minha obra principal. – O ser humano, por outro lado, possui, em virtude de sua capacidade para representações NÃO INTUITIVAS, por meio das quais ele PENSA E REFLETE, um campo de visão infinitamente mais largo, que compreende aquilo que está ausente, aquilo que já passou, e aquilo que ainda virá: através do qual ele possui uma esfera de influência dos motivos e, consequentemente, também de escolha, muito maior do que aquela do animal, limitado ao estreito presente. Não é aquilo que se encontra diante de sua intuição sensível, presente no tempo e no espaço, que, via de regra, determina seu agir: antes, são meros PENSAMENTOS, que ele carrega consigo por todos os lados em sua cabeça e que o tornam independente da impressão do presente. Mas quando eles falham em fazê-lo, chamamos a ação do ser humano de irracional; por outro lado, ela é elogiada como RACIONAL quando é executada exclusivamente conforme pensamentos bem refletidos e, assim, de maneira independente em relação à impressão do presente intuitivo. Precisamente o fato de que o ser humano é afetado por uma classe própria de representações (conceitos abstratos, pensamentos), que o animal não possui, é algo extremamente visível na medida em que o caráter daquilo que é PREMEDITADO E INTENCIONAL é impresso em todo o seu agir, até mesmo no que é mais insignificante, até em seus movimentos e passos. Por meio do que sua atividade é tão evidentemente diferente da dos animais que se vê imediatamente como, por assim dizer, fios finos e invisíveis (os motivos constituídos de meros pensamentos) conduzem seus movimentos, enquanto os dos animais são guiados pelas cordas grosseiras e visíveis daquilo que é intuitivamente presente. Porém, para além disso a diferença não vai. O pensamento se torna MOTIVO, assim como a intuição se torna MOTIVO tão logo ela seja capaz de atuar sobre a vontade ali existente. Mas todos motivos são causas, e toda causalidade traz consigo necessidade. Agora, por meio de sua faculdade de pensamento, o ser humano pode trazer à mente os motivos, cuja influência sobre sua vontade ele sente, em uma ordem qualquer, alternada e repetidamente, para colocá-los diante da vontade – o que se chama REFLETIR; ele é capaz de deliberação e, em virtude dessa capacidade, tem uma ESCOLHA muito maior do que aquela possível ao animal. Por meio disso, ele é, decerto, RELATIVAMENTE LIVRE, a saber, livre da coerção imediata dos objetos PRESENTES INTUITIVAMENTE e que atuam sobre sua vontade, coerção à qual o animal é absolutamente submetido. O ser humano, por outro lado, se determina independentemente dos objetos presentes, conforme pensamentos, que são SEUS motivos. Essa liberdade RELATIVA é provavelmente também aquilo que, no fundo, pessoas cultas, mas que não pensam com profundidade, entendem por liberdade da vontade, que o ser humano manifestamente possui como vantagem em relação ao animal. Essa mesma, contudo, é uma liberdade meramente RELATIVA, a saber, em relação àquilo que é intuitivamente presente, e meramente COMPARATIVA, a saber, em comparação com o ANIMAL. Por meio dela, tão somente O TIPO da motivação é alterado, ao passo que a NECESSIDADE do efeito dos motivos não é nem mesmo minimamente suspensa ou sequer reduzida. O motivo ABSTRATO, consistindo em um mero PENSAMENTO, é uma causa externa que determina a vontade tanto quanto o intuitivo, que consiste em um objeto real e presente: consequentemente, é uma causa como outra qualquer, é até mesmo também, como as outras, sempre algo real, algo material, na medida em que sempre se assenta, em última instância, em uma impressão DO EXTERIOR, recebida em algum momento e em algum lugar. Como vantagem, ele tem meramente o comprimento do fio condutor, por meio do que eu quero designar que ele não é vinculado, como o são os motivos MERAMENTE INTUITIVOS, a uma certa PROXIMIDADE no tempo e no espaço. Antes, ele pode atuar através da maior distância, através do mais longo tempo e através de uma mediação de conceitos e pensamentos em um longo encadeamento. Fato que é uma consequência da constituição e eminente suscetibilidade do órgão que, em primeiro lugar, experimenta e percebe sua atuação, a saber, do cérebro humano, ou da RAZÃO. Isso, no entanto, não suspende nem mesmo minimamente seu CARÁTER DE CAUSALIDADE nem a NECESSIDADE posta junto dele. Portanto, só uma forma muito superficial de ver a questão pode tomar aquela liberdade relativa e comparativa por uma absoluta, por um *liberum arbitrium indifferentiae*. A capacidade de deliberação que surge por meio dela não fornece, na verdade, nada senão o CONFLITO DOS MOTIVOS, muito frequentemente aflitivo, presidido pela indecisão, e cujo campo de batalha é todo o ânimo e consciência do ser humano. O conflito dos motivos permite que estes testem repetidamente sua força um contra o outro em sua vontade, por meio do que esta é colocada na mesma condição em que fica um corpo sobre o qual atuam diversas forças em direções opostas – até que, enfim, o motivo decididamente mais forte tira os outros da disputa e determina a vontade; desfecho que se chama "decisão" e que, como resultado da batalha, ocorre com completa NECESSIDADE.

Se observarmos agora mais uma vez e de maneira abrangente toda a sequência das formas da causalidade, na qual CAUSAS no sentido mais estrito da palavra, depois ESTÍMULOS e, finalmente, MOTIVOS – que, por sua vez, se dividem em intuitivos e abstratos – se separam claramente uns dos outros, então iremos notar que, ao percorrermos a sequência dos seres, a partir desse ponto de vista e de baixo para cima, a causa e seu efeito se desassociam cada vez mais, se distinguem mais claramente e se tornam mais heterogêneas, com o que a causa se torna cada vez menos material e palpável, de forma que, então, a causa parece conter cada vez menos em si, e o efeito, cada vez mais. Por meio do que, levando tudo em conta, a conexão entre causa e efeito perde em apreensibilidade e compreensibilidade. Com efeito, a causalidade MECÂNICA é aquela à qual tudo que acabou de ser exposto menos se aplica, e ela é, por isso, A MAIS APREENSÍVEL de todas. É daqui que surgiu, no século passado, o esforço equivocado, que ainda perdura na França e recentemente chegou também à Alemanha, de remeter todo outro tipo de causa a esta e de explicar todos os eventos químicos e físicos a partir de causas mecânicas e, contudo, a partir daqueles, também o processo vital. O corpo que se choca com outro movimenta o que está em repouso, e perde uma quantidade de movimento igual àquela que ele transmite: aqui nós vemos a causa, por assim dizer, convertendo-se no efeito: ambos são totalmente homogêneos, precisamente comensuráveis e, com isso, palpáveis. E é assim propriamente com todos os efeitos puramente mecânicos. Mas constatar-se-á que isso tudo é cada vez menos o caso e que, por outro lado, aquilo que foi dito antes ocorre quanto mais para cima nos deslocamos se considerarmos, em cada nível, a relação entre causa e efeito; por exemplo, a relação entre o calor como causa e seus diversos efeitos, como dilatação, incandescência, derretimento, evaporação, combustão, termoeletricidade etc.; ou a relação entre vaporização como causa e resfriamento ou cristalização como efeitos; ou entre a fricção de um vidro como causa e eletricidade livre, com seus curiosos fenômenos, como efeito; ou entre uma lenta oxidação das placas como causa e o galvanismo, com todos os seus fenômenos elétricos, químicos e magnéticos, como efeito. Assim, causa e efeito se SEPARAM cada vez mais, se tornam MAIS HETEROGÊNEOS, sua conexão, MAIS INCOMPREENSÍVEL, e o efeito parece conter mais do que as causas podiam lhe fornecer, visto que estas se mostram de maneira cada vez menos material e palpável. Tudo isso ocorre ainda mais claramente quando passamos aos corpos ORGÂNICOS, onde agora meros ESTÍMULOS são as causas, em parte externos – como os da luz, do calor, do ar, do solo, da nutrição –, em parte internos – como os das seivas e das partes umas sobre as outras –, e, como seu efeito, a vida se apresenta em sua infinita complexidade e em inúmeras variedades de tipo, nas múltiplas figuras do mundo vegetal e do mundo animal.[3] *

Mas terá, por acaso, com essa heterogeneidade, incomensurabilidade e incompreensibilidade cada vez maiores da relação entre causa e efeito, a NECESSIDADE posta por essa mesma relação de alguma maneira diminuído? De forma alguma, nem mesmo minimamente. Tão necessariamente quanto a esfera que rola põe em movimento a que está em repouso, também a garrafa de Leiden tem de se descarregar quando tocada com a outra mão – também o arsênico tem de matar tudo que vive –, também a semente que, conservada seca, ao longo de milênios não manifestou nenhuma modificação, tem de germinar, crescer e se transformar em uma planta se for levada ao

3 A exposição detalhada dessa separação de causa e efeito se encontra em "Vontade na natureza", rubrica "Astronomia", p.80 *ss.* da segunda edição. (N. A.)

* Schopenhauer se refere ao capítulo "Astronomia física", do ensaio *Sobre a vontade na natureza*, p.135-52. (N. T.)

solo adequado e exposta à influência do ar, da luz, do calor e da umidade. A causa é mais complexa, e o efeito, mais heterogêneo, mas a necessidade com a qual ele ocorre não é sequer um fio de cabelo menor.

No caso da vida vegetal e da vida vegetativa do animal, o estímulo é, em todos os aspectos, extremamente diferente da função orgânica por ele provocada, e ambos são claramente distintos. Contudo, eles ainda não estão propriamente SEPARADOS. Antes, entre eles ainda deve existir um contato, por mais sutil e imperceptível que seja. A completa separação só entra em cena na vida animal, cujas ações são provocadas por motivos, através dos quais agora a causa, que até então ainda se vinculava materialmente ao efeito, aparece totalmente liberada dele e é de uma natureza completamente diferente, algo sobretudo não material, uma mera representação. No MOTIVO, portanto, que provoca o movimento do animal, aquela heterogeneidade entre causa e efeito – a distinção entre ambos, sua incomensurabilidade, a imaterialidade da causa e, assim, sua aparência de não conter aquilo que é necessário para produzir o efeito, quando comparada com este, alcançou seu mais alto grau, e a incompreensibilidade da relação entre ambos se elevaria a um patamar absoluto se nós a conhecêssemos, assim como as demais relações causais, apenas PELO LADO DE FORA. Mas, aqui, um conhecimento de tipo totalmente diferente, um conhecimento INTERNO, complementa o externo, e o evento que aqui acontece como efeito depois de uma causa ocorrida nos é conhecido intimamente. Nós o designamos por meio de um *terminus ad hoc*: vontade. Contudo, que também aqui a relação causal não teria perdido nada de sua NECESSIDADE, tampouco quanto acima, no caso do estímulo – isso nós expressamos assim que a reconhecemos como RELAÇÃO CAUSAL e que a concebemos mediante essa forma essencial ao nosso entendimento. Além disso, encontramos na motivação algo completamente análogo às duas figuras da relação causal discutidas antes, sendo apenas o nível mais alto desta, ao qual aquelas figuras se elevam em uma transição paulatina. Nos níveis mais baixos da vida animal, o MOTIVO ainda é bastante semelhante ao ESTÍMULO: zoófitos, radiados em geral e acéfalos entre os moluscos possuem apenas um débil crepúsculo de consciência, precisamente tanto quanto é necessário para perceber seu alimento ou sua presa e capturá-los quando eles se apresentam, e para, eventualmente, trocar de lugar por outro mais vantajoso. É por isso que, nesses níveis mais baixos, o efeito do motivo ainda nos é tão claro, imediato, definido e inequívoco quanto o do estímulo. Pequenos insetos são atraídos pelo brilho da luz até chegarem à chama. Moscas pousam confiantemente sobre a cabeça de um lagarto que, agora mesmo, diante de seus olhos, devorou um de seus semelhantes. Quem, nesse caso, pensaria em liberdade? Nos animais superiores e mais inteligentes, o efeito dos motivos se torna cada vez mais mediado: com efeito, o motivo se separa mais claramente da ação que ele provoca, de modo que essa diferença da distância entre motivo e ação poderia até mesmo ser utilizada como critério para se medir a inteligência dos animais. Nos seres humanos, ela se torna incomensurável. Por outro lado, mesmo nos animais mais inteligentes, a representação que se torna motivo de seu agir tem ainda de ser INTUITIVA: mesmo onde uma escolha já é possível, ela só pode ocorrer entre as opções presentes intuitivamente. Hesitando entre o chamado de seu dono e a visão de uma cadela, o cão se detém. O motivo mais forte determinará seu movimento.

Mas então este se seguirá tão necessariamente quanto o faz um efeito mecânico. Afinal, também nesse último vemos um corpo retirado do equilíbrio oscilar, alternando por um tempo entre um lado e o outro, até que se determine em qual deles se encontra seu centro de gravidade e ele caia na direção deste. Enquanto a motivação é limitada a representações INTUITIVAS, seu parentesco com o estímulo e com a causa em geral ainda fica evidente pelo fato de que o motivo, como causa atuante, tem de ser algo real, algo presente, ainda tem de atuar sobre os sentidos, através da luz, do som, do odor, ainda que de maneira muito mediada. Além disso, aqui a causa é tão perceptível ao observador quanto o efeito: ele vê o motivo ocorrendo e o agir do animal se seguindo inevitavelmente enquanto nenhum outro motivo igualmente evidente, ou adestramento, não se opõe. Duvidar da conexão entre ambos é impossível. É por isso também que não ocorrerá a ninguém a ideia de atribuir aos animais um *liberum arbitrium indifferentiae*, isto é, um agir não determinado por causa alguma.

Mas acontece que, onde a consciência é racional, onde ela é capaz, portanto, de conhecimento não intuitivo, isto é, de conceitos e pensamentos, ali os motivos se tornam totalmente independentes do presente e do entorno real e, assim, permanecem ocultos para o espectador. Pois agora eles são meros pensamentos que o ser humano carrega consigo em sua cabeça, cujo surgimento, no entanto, se situa fora dela, frequentemente bastante distante, a saber, ora na própria experiência de anos passados, ora naquilo que se conheceu através de terceiros, por via oral ou escrita, mesmo que esse conhecimento se origine nos tempos mais remotos. Mas, em todo caso, de tal modo que sua ORIGEM SEMPRE É REAL E OBJETIVA, ainda que, através da combinação frequentemente difícil de circunstâncias externas complexas, muitos equívocos, e, por meio de sua transmissão, muitos enganos, e, consequentemente, muitas tolices, se encontrem entre os motivos. A isso ainda se acrescenta o fato de que o ser humano frequentemente esconde de todas as outras pessoas o motivo de seu agir, às vezes até de si mesmo, precisamente lá onde ele se envergonha de reconhecer o que é que realmente o move a fazer isso ou aquilo. Entrementes vê seu agir ocorrer e tenta, por meio de conjecturas, investigar os motivos, que são então pressupostos com tanta firmeza e confiança quanto o é a causa de todo movimento de corpos inanimados que se teria visto acontecendo. E isso é feito com a convicção de que tanto um quanto o outro são impossíveis sem uma causa. Correspondendo a isso, e de maneira inversa, leva-se também em conta, em seus próprios planos e empreendimentos, o efeito de motivos sobre as pessoas com uma certeza que se igualaria completamente àquela com a qual se calculam os efeitos mecânicos de dispositivos mecânicos, caso se conhecesse o caráter individual da pessoa que aqui age tanto quanto se conhece o comprimento e espessura dos braços, o diâmetro das rodas, o peso das cargas etc. Essa pressuposição é seguida por qualquer pessoa enquanto ela olha para fora, enquanto lida com outras e persegue fins práticos: pois, para estes, o entendimento humano é determinado. Mas caso aquela pessoa tente julgar o assunto de maneira teórica e filosófica, algo para o que a inteligência humana não é propriamente determinada, e caso faça de si mesma agora o objeto do juízo, então, em função da constituição não material dos motivos abstratos, compostos de meros pensamentos, como acabamos de ilustrar, uma vez que eles não se vinculam a qualquer presente ou entorno e encontram seus obstáculos novamente apenas em meros pensamentos, como contramotivos – por causa disso tudo, aquela pessoa se deixa enganar tão seriamente que ela duvida da existência desses motivos ou então da necessidade de sua atuação, e pensa que aquilo que é feito poderia igualmente não acontecer, que a vontade se decidiria a partir de si mesma, sem causa, e que cada uma das volições seria o primeiro momento de uma sequência imprevisível de modificações por ela provocadas. Esse equívoco se baseia bem especificamente na falsa interpretação daquela declaração, examinada suficientemente na primeira seção, de que "eu posso fazer aquilo que quero", sobretudo quando essa declaração se faz ouvir, como sempre é o caso, na presença da influência de diversos motivos disponíveis que meramente perturbam a vontade e são mutuamente excludentes. Isso, tomado em conjunto, é portanto a fonte do engano natural, a partir do qual se desenvolve o equívoco de que em nossa consciência se encontraria a certeza de uma liberdade de nossa vontade, no sentido de que ela, contra todas as leis da natureza e do entendimento puro, seria algo que se determinaria sem razões suficientes, cujas decisões, sob certas circunstâncias, em uma e a mesma pessoa poderiam resultar de uma maneira ou também de maneira oposta.

Para esclarecer especificamente e da forma mais compreensível possível o surgimento desse equívoco tão importante para o nosso tema, e por meio disso, complementar a investigação sobre a autoconsciência, situada na seção anterior, pensemos agora em uma pessoa que, por exemplo, parada em uma viela, dissesse para si mesma: "são seis horas da tarde, o dia de trabalho acabou. Eu posso agora fazer uma caminhada ou posso ir ao clube; posso também subir na torre para ver o sol se pôr; também posso ir ao teatro; posso também visitar este ou aquele amigo; sim, também posso caminhar até o portão da cidade, cair no mundo e nunca voltar. Tudo isso depende apenas de mim, tenho plena liberdade para isso. Porém não faço nada disso agora, mas vou de maneira igualmente livre para casa, ao encontro de minha mulher". Isso é exatamente como se a água dissesse: "posso formar grandes ondas (sim!, no mar e durante a tempestade), posso correr para baixo violentamente (sim!, no leito de um rio), posso cair espumando e borbulhando (sim!, em uma cachoeira), posso me elevar livremente no ar como um jato (sim!, em um chafariz), eu posso, finalmente, evaporar e desaparecer (sim!, a um calor de 80°); porém não faço nada disso tudo agora, mas permaneço, livremente, calma e límpida em um espelho d'água". Assim como a água só pode fazer tudo aquilo quando as causas determinantes para uma coisa ou outra ocorrem, igualmente aquela pessoa não pode fazer o que julga poder, senão sob a mesma condição. Enquanto a causa não ocorre, fazê-lo é-lhe impossível: mas então ela TEM DE fazê-lo, tanto quanto o tem a água, tão logo as circunstâncias correspondentes estejam postas. Seu equívoco e, em geral, o engano, que surge aqui a partir da autoconsciência interpretada erroneamente, de que essa pessoa poderia igualmente fazer todas aquelas coisas, se assenta, considerando com precisão, no fato de que apenas UMA imagem por vez pode estar presente em sua fantasia e que, por um instante, essa imagem exclui todo o resto. Caso ela agora imagine o motivo para uma daquelas ações propostas como possíveis, então ela sente imediatamente o efeito dele sobre sua vontade que, por meio disso, é provocada: na linguagem técnica, isso se chama uma *Velleitas*.* Mas agora ela acredita que poderia elevá-la a uma *Voluntas*,** isto é, executar a ação proposta: acontece que isso é um engano. Pois logo a reflexão entraria em cena e a lembraria dos motivos que a atraem para outro lado, ou dos que se opõem àquilo, com o que ela veria que o motivo não se transforma em ato. Nesse ato de imaginar sucessivamente diversos motivos mutuamente excludentes, sob constante acompanhamento do "eu posso fazer aquilo que quero" interno, a vontade, por assim dizer, como um cata-vento em um eixo bem engraxado e exposto a um vento inconstante, gira na direção de todo motivo que a imaginação lhe apresenta, sucessivamente na direção de todos motivos possivelmente disponíveis e, diante de cada um deles, a pessoa pensa que ela o poderia QUERER e, assim, que poderia fixar o cata-vento neste ponto – o que é mero engano. Pois seu "eu posso querer isso" é, na verdade, hipotético, e carrega consigo o complemento "caso eu não preferisse aquela outra coisa", o qual, contudo, suspende aquele poder-querer. – Retornemos àquela pessoa apresentada, que às seis horas deliberava sobre o que fazer, e imaginemos que ela agora note que eu me encontro atrás dela, que filosofo a seu respeito e contesto sua liberdade de praticar todas aquelas ações que lhe são possíveis; então poderia facilmente acontecer que ela, para me refutar, procedesse a executar uma delas. Nesse caso, precisamente a minha contestação e seu efeito sobre seu espírito contencioso teria sido o motivo que a levou necessariamente àquela ação. No entanto, isso só poderia movê-la a fazer uma ou outra das

* Perturbação da vontade. (N. T.)
** Vontade. (N. T.)

ações MAIS FÁCEIS entre as antes indicadas, por exemplo, ir ao teatro, mas de forma alguma aquela mencionada por último, a saber, a de cair no mundo: para isso o motivo seria fraco demais. – De maneira igualmente equivocada, alguns pensam, ao segurar em suas mãos uma pistola carregada, que poderiam com ela atirar em si mesmos. Para isso, aquele meio mecânico de execução é o de menos; o ponto principal, contudo, é um motivo extremamente forte e, daí, raro, que possui uma enorme força, necessária para se sobrepor à vontade de viver ou, mais corretamente, ao medo da morte. Apenas depois de algo assim entrar em cena é que aquela pessoa pode atirar em si mesma, e então tem de fazê-lo. A não ser que um contramotivo ainda mais forte, se é que algo assim é possível, impeça o ato.

Eu posso fazer aquilo que quero: eu posso, SE EU QUISER, dar aos pobres tudo que tenho e, assim, eu mesmo, me tornar um deles – se eu QUISER! Mas eu não sou capaz de QUERER isso, porque os motivos que se opõem a isso têm simplesmente poder demais sobre mim para que eu pudesse querê-lo. Por outro lado, se eu tivesse um outro caráter, e precisamente de tal forma que eu fosse um santo, então poderia querê-lo. Mas então eu também não poderia evitar querê-lo e, portanto, teria de fazê-lo. – Isso tudo se mantém perfeitamente bem junto ao "eu posso FAZER aquilo que QUERO" da autoconsciência, no qual alguns filosofastros desprovidos de pensamento, ainda hoje em dia, pretendem enxergar a liberdade da vontade e que, por conseguinte, fazem passar por um fato dado da consciência. Entre estes se destaca o senhor COUSIN, que, por isso, merece aqui uma *mention honorable*,* já que em seu *Cours d'histoire de*

* Menção honrosa. (N. T.)

la philosophie, professé en 1819, 20, et publié par Vacherot, 1841,* ele ensina que a liberdade da vontade seria o fato mais confiável da consciência (v.1, p.19, 20), e repreende KANT, que teria provado a mesma meramente a partir da lei moral e a estabelecido como um postulado, visto que ela, afinal, seria um fato: "*pourquoi démonstrer ce qu'il suffit de constater?*"** (p.50), "*la liberté est un fait, et non une croyance*"*** (ibid.). – Entrementes, também na Alemanha não faltam ignorantes que desprezam tudo que grandes pensadores disseram a esse respeito há duzentos anos e que, insistindo no fato da autoconsciência, analisado na seção anterior e erroneamente compreendido por eles e pela grande massa, preconizam a liberdade da vontade como algo de fato dado. Mas talvez eu esteja cometendo uma injustiça com eles, na medida em que pode ser que eles não sejam tão ignorantes quanto parecem, mas apenas famintos e, por isso, por um pedaço muito duro de pão, ensinam tudo que possa ser agradável a algum ministério superior.

Não é de forma alguma uma metáfora nem uma hipérbole, mas a mais pura e literal verdade, dizer que, assim como uma bola na mesa de bilhar não pode ser posta em movimento antes que ela receba um impacto, da mesma maneira uma pessoa não pode se levantar de sua cadeira antes que um motivo a atraia ou a conduza para fora dali: mas então seu levantar-se é tão necessário e inevitável quanto o rolar da bola depois do impacto. E esperar que alguém faça alguma coisa para a qual nenhum in-

---

* Curso de história da filosofia, proferido em 1819-1820 e publicado por Vacherot em 1841. (N. T.)

** "Por que demonstrar aquilo que basta ser constatado?" (N. T.)

*** "A liberdade é um fato, não uma crença." (N. T.)

teresse o incentiva é como esperar que um pedaço de madeira se movimente em minha direção sem uma corda que o puxe. Aquele que, na presença de outras pessoas, sustentando algo assim, experimentasse obstinada oposição, resolveria a questão da forma mais rápida possível se fizesse um terceiro gritar de repente com toda a seriedade: "as vigas estão ruindo!"; com o que aqueles que se opunham chegariam à compreensão de que, para enxotar as pessoas da casa, um motivo é tão poderoso quanto a mais concreta causa mecânica.

Pois o ser humano, como todos os objetos da experiência, é uma aparência no tempo e no espaço e, posto que a lei de causalidade vale para todos esses *a priori* e, consequentemente, sem exceção, ele também tem de estar submetido a ela. Assim o diz o puro entendimento *a priori*, assim o confirma a analogia que percorre toda a natureza, e assim o atesta a experiência a todo momento, caso não nos deixemos enganar pela ilusão provocada pelo fato de que, na medida em que os seres naturais, desenvolvendo-se cada vez mais, tornam-se mais complexos, e sua suscetibilidade se intensifica e se refina – indo da meramente mecânica à química, à elétrica, àquela que reage a estímulos, à sensível, à intelectual e, finalmente, à racional –, também a natureza das CAUSAS ATUANTES tem de acompanhar essa mudança e, a cada nível, resultar de maneira correspondente aos seres sobre os quais elas devem atuar. É por isso também que as causas se mostram de maneira cada vez menos palpável e material, de modo que acabam não sendo mais perceptíveis aos olhos, mas certamente alcançáveis para o entendimento que, no caso individual, as pressupõe com inabalável confiança e, com a investigação adequada, também as descobre. Pois aqui as causas atuantes foram elevadas a meros pensamentos, que lutam com outros pensamentos até que o mais poderoso deles se torne decisivo e coloque a pessoa em movimento. Processo que ocorre com o mesmo rigor da conexão causal que se dá quando causas puramente mecânicas, em uma conexão complexa, atuam opondo-se umas às outras e o resultado calculado entra em cena de maneira infalível. Pequenas esferas de cortiça eletrizadas, pulando de um lado para o outro em todas as direções dentro de um recipiente de vidro, possuem, em função da invisibilidade da causa, a aparência da ausência de causalidade, tanto quanto os movimentos do ser humano: o juízo, no entanto, não cabe aos olhos, mas, sim, ao entendimento.

Sob pressuposição da liberdade da vontade, toda ação humana seria um milagre inexplicável – um efeito sem causa. E caso se ouse tentar imaginar semelhante *liberum arbitrium indifferentiae*, logo se constata que, nessa tentativa, o entendimento fica verdadeiramente sem ação: ele não possui forma alguma para pensar algo assim. Pois o princípio de razão, o princípio da determinação e da dependência universais das aparências entre si, é a forma mais geral de nossa faculdade de conhecimento, forma que assume, ela mesma, de acordo com a variedade dos objetos dessa faculdade, diversas figuras. Nesse caso, contudo, deveríamos pensar em algo que determina sem ser determinado, que não depende de nada, mas do qual uma outra coisa depende; algo que, sem ser instado a isso, consequentemente, sem fundamento, provoca agora um efeito *A*, enquanto ele poderia igualmente provocar os efeitos *B*, *C* ou *D*, e que realmente poderia fazê-lo, que poderia fazê-lo sob as mesmas circunstâncias, isto é, sem que houvesse algo em *A* que lhe conferisse alguma vantagem (pois esta seria motivação e, portanto, causalidade) diante de *B*, *C* ou *D*. Aqui, somos reconduzidos ao conceito, apresentado bem no início, daquilo que é ABSOLUTAMENTE CONTINGENTE. Repito: nessa tentativa, o entendimento fica verdadeiramente sem ação, caso sejamos capazes de levá-lo a ela.

Mas agora queremos nos lembrar de o que, em geral, é uma CAUSA: a modificação precedente que faz que a que se segue seja necessária. De modo algum uma causa qualquer no mundo produz seu efeito sem mais, ou o faz a partir de coisa nenhuma. Antes, sempre há algo sobre o que ela atua, e ela ocasiona uma modificação apenas neste momento, neste local e neste ser determinado, modificação esta que está sempre em conformidade com a natureza deste ser, e para a qual, portanto, a FORÇA já tinha de se situar neste ser. Assim, todo efeito surge a partir de dois fatores, um interno e um externo: a saber, a partir da força original daquilo sobre o que se age, e da causa determinante, que insta aquela a se manifestar agora aqui. Uma força original é pressuposta por toda causalidade e por toda explicação a partir dela: é por isso que esta última nunca explica tudo, mas sempre deixa, como resto, algo inexplicável. Isso nós vemos na física e na química como um todo: por toda parte as forças naturais, que se manifestam nos fenômenos, são pressupostas em suas explicações e na recondução de um fenômeno a outro, na qual consiste toda a explicação. Uma força natural não se submete, ela mesma, a qualquer explicação, mas é, antes, o princípio de toda explicação. Do mesmo modo, ela não se submete a qualquer causalidade; antes, ela é exatamente aquilo que confere a toda causa a causalidade, isto é, a capacidade de produzir efeitos. Ela mesma é a base comum a todos os efeitos desse tipo e se encontra presente em todos eles. É dessa forma que os fenômenos do magnetismo são reduzidos a uma força original, chamada de eletricidade. Com isso a explicação se detém: ela apenas expõe as condições sob as quais semelhante força se expressa, isto é, as causas que provocam sua efetividade. As explicações da mecânica celeste pressupõem a gravitação como força em virtude da qual atuam aqui as causas individuais que determinam o curso dos corpos celestes. As explicações da química pressupõem as forças ocultas que se manifestam como afinidades eletivas segundo certas relações estequiométricas, e sobre as quais repousam, em última instância, todos os efeitos que, por meio de causas que são dadas, ocorrem pontualmente, quando provocados. Igualmente pressupõem todas as explicações da fisiologia a força vital como algo que reage de maneira determinada a estímulos específicos, internos e externos. E assim acontece por toda parte, sem exceção. Mesmo as causas com as quais se ocupa a tão palpável mecânica, como choque e pressão, possuem a impenetrabilidade, a coesão, a rigidez, a dureza, a inércia, a gravidade e a elasticidade como pressuposto, que, não menos do que aquelas mencionadas há pouco, são forças naturais insondáveis. Portanto, em toda parte, as causas não determinam nada além do quando e onde das MANIFESTAÇÕES de forças originais e inexplicáveis, e é somente sob pressuposição destas que elas são causas, isto é, que provocam certos efeitos necessariamente.

Acontece que, assim como isso é o caso com as causas em sentido estrito e com os estímulos, não o é menos com os MOTIVOS, visto que a motivação não é diferente da causalidade naquilo que é essencial, mas é apenas um tipo diferente dela, a saber, é a causalidade quando esta passa pela mediação do conhecimento. Aqui também, portanto, a causa provoca a manifestação de uma força que não se deixa mais reduzir a causas e que, consequentemente, não se deixa mais explicar, força que aqui se chama VONTADE e nos é conhecida não meramente pelo lado de fora, como as outras forças naturais, mas, antes, em virtude da autoconsciência, também nos é conhecida pelo lado de dentro e de maneira imediata. É somente sob a pressuposição de que semelhante vontade exista e que, no caso específico, possua determinada constituição, que as causas dirigidas a ela, aqui chamadas de motivos, atuam. Essa constituição da vontade, determinada especial e individualmente, em virtude da qual sua reação aos mesmos motivos é diferente em cada ser humano, constitui aquilo que se chama de seu CARÁTER e, mais precisamente, porque ele não é conhecido *a priori* mas, antes, apenas por meio da experiência, de CARÁTER EMPÍRICO. É em primeiro lugar através deste que é determinado o tipo de efeito dos variados motivos sobre uma pessoa específica. Pois ele subjaz a todos os efeitos que os motivos provocam, da mesma forma que as forças naturais universais o fazem em relação aos efeitos provocados por causas no sentido estrito e a força vital em relação aos efeitos dos estímulos. E, assim como as forças naturais, ele também é original, imutável e inexplicável. Entre os animais ele é diferente de espécie para espécie, entre os seres humanos, de indivíduo para indivíduo. Apenas nos animais superiores e mais inteligentes se revela um perceptível caráter individual, ainda que acompanhado de um caráter da espécie completamente predominante.

O CARÁTER DO SER HUMANO é: 1) INDIVIDUAL: em cada um ele é diferente. É certo que o caráter da espécie subjaz a todos e, por isso, as propriedades principais são encontradas em todos. Mas acontece que aqui há uma tão significativa variação do grau, uma tal variedade da combinação e modificação das propriedades entre si, que se poderia assumir que a diferença moral dos caracteres seria equivalente à das capacidades intelectuais, o que quer dizer muita coisa, e que ambas seriam incomparavelmente maiores que a diferença corporal entre um gigante e um anão, entre Apolo e Tersites. É por isso que o efeito de um mesmo motivo sobre pessoas diferentes é completamente diferente. Assim como a luz do sol colore a cera de branco, mas de preto o cloreto de prata, o calor deixa a cera macia, mas endurece o barro. É por isso que não se pode, apenas a partir do conhecimento do motivo, prever o ato, mas é preciso, além disso, conhecer o caráter de maneira exata.

2) O caráter do ser humano é EMPÍRICO. Somente através da experiência é que ele é conhecido, não apenas em terceiros, mas também em si mesmo. É por isso que frequentemente nos decepciona, assim como em relação a terceiros, também em relação a nós mesmos, quando descobrimos que não possuímos esta ou aquela característica, como justiça, altruísmo ou coragem, no grau que tão benevolentemente pressupúnhamos. É por isso também que, diante de uma escolha difícil que se nos apresenta, nossa própria decisão, tanto quanto a de um estranho, permanece para nós mesmos como um segredo até que ela seja definida. Ora acreditamos que ela penderá para este lado, ora para aquele, conforme este ou aquele motivo seja apresentado pelo conhecimento de maneira mais detalhada à vontade e teste sua força sobre ela, por meio do que aquele "eu posso fazer aquilo que quero" produz a aparência da liberdade da vontade. Finalmente, o motivo mais forte faz valer seu poder sobre a vontade e a escolha frequentemente resulta diferente daquilo que supúnhamos inicialmente. Por fim, é por isso que ninguém pode saber como outra pessoa e tampouco como ele

mesmo irá agir em uma situação determinada qualquer antes de ter passado por ela. Apenas depois de realizado o teste é que ele poderá ter certeza a respeito de outrem e também apenas então a respeito de si mesmo. Mas então ele o sabe: amigos testados e servos postos à prova são confiáveis. Em geral lidamos com uma pessoa que conhecemos muito bem da mesma maneira que o fazemos com todas as coisas cujas propriedades nós já conhecemos anteriormente, e prevemos com confiança o que dela se pode esperar e o que não. Quem alguma vez fez algo, o fará novamente, caso a oportunidade se apresente, para o bem e para o mal. Assim, quem precisa de grande ou extraordinária ajuda irá se dirigir àquele que já tenha dado prova de generosidade; e quem quiser os serviços de um assassino procurará entre as pessoas que já tiveram sangue em suas mãos. De acordo com a narrativa de Heródoto (VII, 164), Gelon de Siracusa tinha sido posto na complicada situação de confiar por completo a um acólito uma grande quantia de dinheiro, ao solicitar que este a levasse consigo ao exterior, tendo-a à sua disposição. Para isso ele escolheu Cadmus, como alguém que havia dado demonstração de raras e inauditas probidade e responsabilidade. Sua confiança mostrou ser completamente justificada. – Semelhantemente, é apenas a partir da experiência, e quando surge a oportunidade, que se desenvolve o conhecimento a respeito de nós mesmos, no qual se baseia a confiança ou a desconfiança de si. Conforme em um determinado caso tenhamos mostrado discernimento, coragem, honestidade, discrição, refinamento, ou qualquer outra coisa que ele possa ter exigido; ou, por outro lado, se a ausência de semelhantes virtudes é exposta, – ficamos, posteriormente, como consequência do conhecimento que obtivemos a nosso respeito, satisfeitos conosco, ou o contrário acontece. É só o conhecimento preciso de seu próprio caráter empírico que confere ao ser humano aquilo que se chama de CARÁTER ADQUIRIDO: aquele que conhece precisamente suas próprias qualidades o possui, tanto as boas como as más, e, por meio delas, sabe seguramente o que pode confiar a si e o que esperar de si, e também o que não pode. Ele agora desempenha seu próprio papel – o qual, em virtude de seu caráter empírico, ele previamente havia apenas naturalizado – competente e metodicamente, com firmeza e propriedade, sem jamais, como se diz, sair do personagem; o que sempre prova que o indivíduo, num caso específico, se encontrava em erro a respeito de si mesmo.

3) O caráter do ser humano é CONSTANTE: ele permanece o mesmo ao longo de toda a vida. Sob o revestimento modificável de seus anos, suas relações, e até mesmo de seus conhecimentos e visões, o ser humano em sua identidade, o ser humano propriamente dito, permanece, como um caranguejo em sua concha, completamente imodificável e sempre o mesmo. É meramente no direcionamento e no conteúdo que seu caráter passa pelas aparentes modificações, que são a consequência da diferença das fases da vida e de suas necessidades. O SER HUMANO JAMAIS SE ALTERA: a maneira como ele agiu em um caso será a maneira como ele, em circunstâncias completamente iguais (às quais, contudo, pertence também o correto conhecimento dessas circunstâncias), sempre novamente agirá. A confirmação dessa verdade pode ser extraída da experiência cotidiana. Mas ela é obtida da maneira mais surpreendente quando, depois de vinte ou trinta anos, se encontra novamente um conhecido e logo se o vê fazendo exatamente as mesmas brincadeiras de sempre. – Certamente haverá alguém a contestar com pala-

vras essa verdade: mas essa mesma pessoa a pressupõe em seu agir, na medida em que nunca volta a confiar naquele que ela UMA vez flagrou em desonestidade, mas provavelmente confia naquele que anteriormente se provou honesto. Pois é nessa verdade que se assenta a possibilidade de todo conhecimento sobre o ser humano e da rígida confiança naqueles que foram postos à prova, testados e aprovados. Até mesmo quando semelhante confiança alguma vez nos frustra, nós nunca dizemos: "seu caráter se alterou", mas, sim: "eu me enganei a seu respeito". – Sobre ela se assenta o fato de que, quando queremos julgar o valor moral de uma ação, procuramos, acima de tudo, chegar a uma certeza sobre seu motivo, e então nosso elogio ou nossa crítica não dizem respeito ao motivo, mas ao caráter que se deixou determinar por semelhante motivo, na condição de segundo fator desse feito, fator que é inerente apenas ao ser humano. – Sobre a mesma verdade se assenta o fato de que a verdadeira honra (não a cavalheiresca ou a honra dos tolos), uma vez perdida, jamais pode ser restabelecida; antes, a mácula de uma única ação indigna adere à pessoa e, como se diz, deixa nela uma marca. Daí o ditado: "uma vez ladrão, sempre ladrão". – Sobre ela se assenta o fato de que, quando, em importantes negócios de Estado, vier a ocorrer que a traição seja desejada, então o traidor é procurado, usado, e recompensado; então, depois de alcançado o fim, manda a prudência que ele seja afastado, porque as circunstâncias são modificáveis, mas, seu caráter, imutável. – Sobre ela se assenta o fato de que o maior erro de um poeta dramático é o de não fazer que seus personagens se sustentem, isto é, que não sejam, como o são aqueles apresentados pelos grandes poetas, conduzidos até o fim com a constância e estrita consistência de uma força natural; assim como eu demonstrei, com um detalhado exemplo, a partir de Shakespeare, em *Parerga*, v.2, §118, p.196 da primeira edição.* – Sim, sobre a mesma verdade se assenta a possibilidade da consciência moral, na medida em que esta frequentemente nos põe diante dos olhos, mesmo na velhice, os delitos da juventude, como aconteceu, por exemplo, com J. J. Rousseau, quarenta anos depois de ele ter acusado a criada Marion de um furto que ele mesmo havia cometido. Isso só é possível sob a pressuposição de que o caráter permaneceu o mesmo, sem modificação, visto que, pelo contrário, os mais ridículos equívocos, a mais grosseira ignorância, as mais incríveis tolices de nossa juventude não nos envergonhariam na velhice: pois isso se modificou, essas eram coisas do conhecimento, já nos distanciamos delas, há muito as deixamos de lado, como o fizemos com nossas roupas da juventude. – Sobre a mesma verdade se assenta o fato de que uma pessoa, mesmo em posse do mais claro conhecimento de suas falhas e faltas morais, até mesmo de repulsa em relação a elas, sim, mesmo no caso do mais sincero propósito de se tornar melhor, ainda assim não o faz verdadeiramente; antes, apesar de sérios propósitos e honestas promessas, acaba por se encontrar, afinal, no caso de uma renovada oportunidade, no mesmo caminho de antes, para sua própria surpresa. Somente seu CONHECIMENTO pode ser corrigido; daí que a pessoa possa chegar à compreensão de que estes ou aqueles meios que ela anteriormente empregou não conduzem a seu fim, ou de que trazem mais desvantagem do que ganho: então ele altera os meios, não os fins. Sobre isso se assenta o sistema penitenciário americano: ele não preten-

---

* Cf. Schopenhauer, *Sobre a ética: Parerga e Paralipomena*, t.II, v.II, p.76*ss*. (N. T.)

de tornar melhor o CARÁTER, o CORAÇÃO da pessoa, mas sim colocar-lhe a CABEÇA no lugar e mostrar a ela que os fins que, em virtude de seu caráter, ela invariavelmente almeja, seriam alcançados com muito mais dificuldade e muito maiores custos e riscos por meio do caminho da desonestidade até então percorrido, do que pelo da honestidade, do trabalho e da moderação. De modo geral, é apenas no CONHECIMENTO que se situa a área de atuação e o domínio de toda melhoria e engrandecimento. O caráter é imutável, os motivos fazem efeito com necessidade: mas eles têm de passar pelo CONHECIMENTO, na condição daquilo que é o intermediador dos motivos. Mas o conhecimento é capaz, em incontáveis graus, da mais variada ampliação, de constante correção: é nesse sentido que trabalha toda educação. A formação da razão, por meio de conhecimentos e visões de toda sorte, é moralmente importante pelo fato de que ela permite o acesso a motivos que, sem ela, permaneceriam inacessíveis à pessoa. Enquanto essa pessoa não podia compreendê-los, eles não existiam para sua vontade. É por isso que, sob circunstâncias externas iguais, a situação de uma pessoa pode ser de fato completamente diferente em um segundo momento do que ela foi no primeiro: se ela, por exemplo, apenas nesse ínterim se tornou capaz de compreender aquelas circunstâncias correta e completamente. Por meio disso, agora fazem efeito sobre essa pessoa motivos para os quais ela, antes, era inacessível. Nesse sentido, os escolásticos diziam de maneira muito correta: *causa finalis* (fim, motivo) *movet non secundum suum esse reale, sed secundum esse cognitum.** Contudo, para além da correção do conhecimento, nenhuma influência moral se estende, e pre-

* "A causa final não move segundo seu ser real, mas segundo o ser conhecido." (N. T.)

tender suspender as falhas de caráter de uma pessoa por meio de discursos e de pregação de moral e, assim, querer dar nova forma a seu caráter mesmo, a sua moralidade propriamente dita, é algo completamente idêntico à intenção de, por meio de ação externa, transformar chumbo em ouro, ou, por meio de zeloso cuidado, fazer que um carvalho produza damascos.

Nós encontramos a convicção a respeito da imutabilidade do caráter como algo indubitável já manifestada por APULEIO, em seu *Oratio de magia*, onde ele, defendendo-se das acusações de prática de magia, invoca seu conhecido caráter e diz: *Certum indicem cujusque animum esse, qui semper eodem ingenio ad virtutem vel ad malitiam moratus, firmum argumentum est accipiendi criminis, aut respuendi.**

4) O caráter individual é INATO: ele não é produto da arte ou das circunstâncias submetidas ao acaso. Ele é, antes, produto da natureza mesma. Ele já se revela na criança, mostrando lá, em pequenas coisas, o que será, futuramente, em grande escala. Por isso, no caso de educação e ambiente exatamente idênticos, duas crianças exibem da maneira mais clara o caráter mais fundamentalmente diferente: ele é o mesmo que elas terão quando idosas. Em seus traços fundamentais, ele é até mesmo hereditário, mas apenas em relação ao pai; a inteligência, por outro lado, o é em relação à mãe. A esse respeito, remeto ao capítulo 43 do segundo tomo de minha obra principal.

Dessa exposição sobre a essência do caráter individual se segue, em todo caso, que virtudes e vícios são inatos. Essa verdade pode soar inadequada a algum preconceito e a alguma

* "[...] que uma prova segura se encontraria no caráter de cada pessoa que, inclinado à virtude ou à maldade a partir de sua natureza e sempre da mesma maneira, representa um argumento seguro para a prática ou rejeição de um delito." (N. T.)

filosofia de velhas fiandeiras com seus assim chamados interesses práticos, isto é, suas pequenas e estreitas compreensões das coisas e suas limitadas visões escolares. Ela já era a convicção do pai da moral, SÓCRATES, que, segundo indicação de ARISTÓTELES (*Eth. magna*, I, 9), considerava que: οὐκ ἐφ' ἡμῖν γενέσθαι τὸ σπουδαίους εἶναι, ἢ φαύλους, κ.τ.λ. (*in arbitrio nostro positum non esse, nos probos, vel malos esse*).* O que Aristóteles objeta contra esse ponto é evidentemente frágil – e também ele mesmo partilha daquela ideia de Sócrates e a expressa da maneira mais clara possível na *Eth. Nicom.*, VI, 13: "Πᾶσι γὰρ δοκεῖ ἕκαστα τῶν ἠθῶν ὑπάρχειν φύσει πως· καὶ γὰρ δίκαιοι καὶ σωφρονικοὶ καὶ ἀνδρεῖοι καὶ τἆλλα ἔχομεν εὐθὺς ἐκ γενετῆς" (*Singuli enim mores in omnibus hominibus quodammodo videntur inesse natura: namque ad justitiam, temperantiam, fortitudinem, ceterasque virtutes proclivitatem statim habemus, cum primum nascimur*).** E caso se revise o conjunto das virtudes e vícios no livro de Aristóteles *de virtutibus et vitiis*, no qual eles são reunidos para um breve panorama, então encontrar-se-á que eles, em conjunto, em pessoas reais só podem ser pensados como propriedades INATAS, e que somente como tais seriam autênticas. Por outro lado, se produzidos a partir da reflexão e assumidos arbitrariamente, eles resultariam em um tipo de AFETAÇÃO, seriam inautênticos e, também por isso, não se poderia de forma alguma contar com sua continuada existência e confirmação sob a pressão das circunstâncias. E ainda que se acrescente a virtude cristã do amor, *caritas*, ausente

* "Não depende de nós sermos bons ou maus" (1187a 7). (N. T.)

** "Pois a todos parece que os traços individuas de caráter já lhes são próprios, de alguma forma, naturalmente; pois ser justo, temperante, valente e tudo o mais já nos é próprio desde o nascimento" (1144b 4). (N. T.)

em Aristóteles e em todos os antigos, sua situação não seria diferente. Como é que a incansável bondade de UMA pessoa e a maldade incorrigível, profundamente arraigada de outra, o caráter dos Antoninos, de Adriano e de Tito, por um lado, e o de Calígula, Nero e Domiciano, por outro, poderiam, advindo de fora, ser a obra de circunstâncias acidentais, ou de mero conhecimento e instrução!? Afinal, Nero teve precisamente Sêneca como preceptor. – Pelo contrário, é no caráter inato, nesse verdadeiro núcleo do ser humano em sua totalidade, que se situa o germe de todas suas virtudes e vícios. Essa convicção, natural à pessoa imparcial, é também o que guiou a mão de VELEIO PATÉRCULO quando registrou (II, 35) o seguinte a respeito de Cato: *Homo virtuti consimillimus, et per omnia genio diis, quam hominibus propior: qui nunquam recte fecit, ut facere videretur, sed quia* aliter facere non poterat.[4] *

Por outro lado, com a admissão da liberdade da vontade, não se pode de forma alguma compreender de onde é que deveriam

---

4 Essa passagem se torna aos poucos uma arma regular no arsenal dos deterministas, uma honra com a qual o bom e velho historiador, há 1800 anos, certamente não podia sonhar. HOBBES foi o primeiro a elogiá-la e, depois dele, PRIESTLEY. Depois, SCHELLING, em seu ensaio sobre a liberdade, p.478, a reproduziu em uma tradução um tanto quanto falseada para seus fins; razão pela qual ele não se refere a Veleio Patérculo pelo nome, mas diz, antes, de maneira tão inteligente quanto elegante, "um antigo". Por fim, eu também não quis deixar de apresentá-la, posto que ela realmente diz respeito ao assunto. (N. A.)

* "Um homem intimamente conectado com a virtude, por meio de sua disposição natural em todos os aspectos mais próximo dos deuses do que dos homens, que nunca agia da maneira correta para ser visto como alguém que agia corretamente, mas porque *não podia agir de outra maneira*" (*História romana*). (N. T.)

surgir a virtude e o vício, ou simplesmente o fato de duas pessoas criadas da mesma maneira, em circunstâncias e ocasiões completamente idênticas, agirem de maneira completamente distintas, até mesmo opostas. A real e original diferença fundamental entre os caracteres é inconciliável com a admissão de semelhante liberdade da vontade, que consiste no fato de que a todo ser humano, em qualquer situação, ações opostas deveriam ser igualmente possíveis. Pois aí seu caráter tem de ser, por natureza, uma *tabula rasa*, como o é, para LOCKE, o intelecto, e não pode ter qualquer inclinação inata para um ou outro lado; porque esta suspenderia o perfeito equilíbrio que se pensa no *libero arbitrio indifferentiae*. Sob aquela admissão, portanto, o fundamento da diferença de conduta de diferentes pessoas, agora em consideração, não pode se situar naquilo que é SUBJETIVO; mas ainda menos naquilo que é OBJETIVO: pois então seriam os objetos os responsáveis por determinar a ação, e a desejada liberdade se perderia por completo. Então restaria ainda apenas a saída de deslocar a origem daquela real e grande diferença das condutas para um ponto no meio do caminho entre sujeito e objeto, a saber, fazê-la surgir a partir das diferentes maneiras pelas quais aquilo que é objetivo é apreendido por aquilo que é subjetivo, isto é, pelas quais aquilo que é objetivo seria CONHECIDO por diferentes pessoas. Mas então tudo retornaria à questão de um correto ou equivocado CONHECIMENTO das circunstâncias existentes, por meio do que a diferença moral das condutas seria reconfigurada em uma mera diferença da correção do juízo, e a moral seria convertida em lógica. Caso agora os partidários da liberdade da vontade ainda tentassem, por fim, se salvar daquele sério dilema afirmando que a diferença inata dos caracteres certamente não existe, mas que semelhante diferença surgiria a partir de circunstâncias externas, impressões, experiências, exemplos, ensinamentos etc.; e que se o caráter se constituísse dessa maneira, então, na sequência, a partir dele a diversidade do agir se explicaria; a isso tem-se de dizer, primeiramente, que, em conformidade com isso, o caráter se configuraria muito tarde (ao passo que ele já pode ser reconhecido em crianças) e a maioria das pessoas morreria antes que tivesse obtido um caráter. Em segundo lugar, porém, que todas aquelas circunstâncias externas das quais o caráter deveria ser a obra, se situam completamente fora de nosso poder e seriam provocadas pelo acaso (ou, caso se queira, pela providência) de uma maneira ou de outra. Caso, portanto, o caráter surgisse a partir dessas circunstâncias e dele, por sua vez, a diferença do agir, então toda responsabilidade moral por essa última deixaria de existir por completo, posto que ela evidentemente seria, por fim, a obra do acaso ou da providência. Assim, portanto, sob a admissão da liberdade da vontade, vemos a origem da diferença das condutas, e com isso a da virtude, ou do vício, junto com a responsabilidade, pairando sem qualquer ponto de apoio e não achando em lugar algum um cantinho onde fincar raízes. Mas daqui resulta que aquela admissão – por mais que, à primeira vista, seja conveniente ao entendimento grosseiro – se encontra, no fundo, em contradição tanto com nossas convicções morais quanto, como já foi suficientemente mostrado, com a suprema regra fundamental de nosso entendimento.

Como eu já demonstrei detalhadamente, a necessidade com a qual todos os motivos fazem efeito, assim como todas as causas em geral, não é algo desprovido de pressupostos. Agora conhecemos seu pressuposto, o fundamento sobre o qual ela se apoia: é o CARÁTER INDIVIDUAL e inato. Assim como todo efeito na natureza inanimada é um produto necessário de dois fatores, a saber, da FORÇA NATURAL universal que aqui se manifesta e da CAUSA particular que aqui provoca essa manifestação; precisamente da mesma maneira todo ato de um ser humano é um produto necessário de seu CARÁTER e do MOTIVO que entrou em cena. Caso estes dois sejam dados, então aquele se segue inevitavelmente. Para que um outro ato surgisse, um outro motivo ou um outro caráter teriam de ser postos. Além disso, todo ato poderia ser previsto e até mesmo calculado com certeza, caso, em parte, o caráter não fosse muito difícil de se investigar e também, em parte, o motivo não estivesse frequentemente oculto e sempre exposto ao contraefeito de outros motivos, que se situam apenas na esfera do pensamento dos seres humanos, inacessível a terceiros. Por meio do caráter inato do ser humano, os fins em geral que ele invariavelmente persegue já estão, no essencial, determinados: os meios dos quais ele, para atingir esses fins, lança mão, são definidos em parte pelas circunstâncias externas, em parte por sua compreensão das mesmas, cuja correção, por sua vez, depende de seu entendimento e da formação deste. Como resultado final de tudo isso, seguem-se suas ações particulares, todo o papel, portanto, que ele tem de desempenhar no mundo. – Assim, apreendido de forma tão correta quanto poética, encontra-se expresso em uma das mais belas estrofes de Goethe o resultado da doutrina do caráter individual aqui exposta:

Wie an dem Tag, der dich der Welt verliehen,
Die Sonne stand zum Gruße der Planeten,
Bist alsobald und fort und fort gediehen,
Nach dem Gesetz, wonach du angetreten.

So mußt du seyn, dir kannst du nicht entfliehen,
So sagten schon Sibyllen, so Propheten;
Und keine Zeit und keine Macht zerstückelt
*Geprägte Form, die lebend sich entwickelt.**

Portanto, aquele pressuposto sobre o qual se assenta a necessidade em geral dos efeitos de todas as causas é a essência interna de cada coisa, seja ela meramente uma força natural universal que se expressa nessa coisa, seja ela força vital, seja ela vontade: todo ser sempre vai, seja ele de qual tipo for, por ocasião de uma causa atuante, reagir em conformidade com sua natureza peculiar. Essa lei, à qual estão submetidas todas as coisas do mundo, sem exceção, os escolásticos expressavam na fórmula *operari sequitur esse.*** Segundo essa mesma lei, os químicos testam os corpos com reagentes, e os homens uns aos outros por meio das provas às quais se submetem. Em todos os casos, as causas externas provocarão com necessidade aquilo que se encontra no ser: pois este não pode reagir de maneira diferente daquilo que se conforma àquilo que ele é.

Aqui deve ser lembrado que toda *Existentia* pressupõe uma *Essentia*: isto é, todo ente tem de ser também ALGO, tem de possuir uma determinada essência. Ele não pode SER e, ao mesmo

* "Como no dia que te fez nascer/ O sol se ergueu para o saudarem os planetas,/ Logo tu começaste e continuaste a crescer/ Conforme leis perfeitas e completas./ A ti não fugirás, assim terás de ser,/ Assim disseram já Sibilas e Profetas;/ Não há Tempo ou Poder capaz de destruir/ Forma cunhada que, a viver, quer progredir" (Goethe, Urworte. Orphisch, em: Galle, *De minha vida: Poesia e verdade* – sobre a literariedade da autobiografia de Goethe, *Estudos Avançados*, v.33, n.96, p.253-76, esp. p.256-7). (N. T.)

** "A ação se segue a partir do ser." (N. T.)

tempo, no entanto, não ser NADA, a saber, algo como o *Ens metaphysicum*, isto é, uma coisa que é e simplesmente é, sem qualquer determinação ou propriedade e, consequentemente, sem o tipo de fazer-efeito determinado que se segue a partir destas: antes, assim como uma *Essentia* sem *Existentia* não confere realidade (algo que Kant ilustrou por meio do conhecido exemplo dos cem táleres), tampouco o pode fazer uma *Existentia* sem *Essentia*. Pois todo ente tem de ter uma natureza que lhe é essencial e peculiar, em virtude da qual ele é o que é, a qual ele sempre mantém, cujas manifestações são provocadas pelas causas com necessidade; ao passo que, por outro lado, essa natureza, ela mesma, não é de forma alguma obra daquelas causas, nem por elas modificável. Isso tudo, porém, é válido também tanto a respeito do ser humano e de sua vontade quanto de todos os demais seres na natureza. Também ele tem uma *Essentia* em adição à *Existentia*, isto é, propriedades essenciais que constituem precisamente seu caráter e dependem apenas do ensejo externo para vir à tona. Em consequência, esperar que uma pessoa, em ocasiões iguais, aja em uma vez de uma maneira e, em outra, de outra completamente diferente, seria como se se quisesse esperar que uma mesma árvore, que neste verão produziu cerejas, venha, no próximo, a produzir peras. Considerada precisamente, a liberdade da vontade significa uma *Existentia* sem *Essentia*, o que significa que algo SERIA e, ao mesmo tempo, contudo, NÃO SERIA NADA; o que, por sua vez, significa que NÃO SERIA, e é, portanto, uma contradição.

À compreensão disso, e também àquela da validade certa *a priori* e, portanto, sem exceção, da lei de causalidade, deve-se atribuir o fato de que todos os pensadores realmente profundos de todos os tempos, por mais variadas que suas demais visões tenham sido, estiveram de acordo quanto à defesa da necessidade das volições quando da entrada em cena dos motivos e rejeitaram o *liberum arbitrium*. Precisamente porque a incalculável grande maioria daquela massa incapaz de pensar e abandonada à aparência e ao preconceito sempre resistiu obstinadamente a essa verdade, aqueles grandes pensadores chegaram a caricaturá-la, para defendê-la com as mais determinadas e até mesmo pretensiosas expressões. A mais conhecida destas é a do asno de BURIDAN, pela qual, contudo, há aproximadamente cem anos se procura em vão nos escritos ainda existentes de BURIDAN. Eu mesmo possuo uma edição de seus *Sophismata*, impressa aparentemente ainda no século XV, sem indicação do local de impressão, nem do ano, nem paginação, na qual diversas vezes em vão procurei por aquela expressão, ainda que em quase todas as páginas apareçam asnos como exemplos. BAILE, cujo artigo sobre BURIDAN* é a base para tudo que foi escrito a esse respeito desde então, diz que este é o ÚNICO *sophisma*** de Buridan do qual se tem conhecimento; e o faz de maneira bastante incorreta, posto que eu tenho um volume completo

---

* Schopenhauer se refere ao verbete sobre "Buridan" em: Bayle, *Dictionnaire historique et critique*. (N. T.)

** Pelo fato de não designar, nesse contexto, o que mais comumente se entende por "sofisma" (falácia, argumento falacioso), e para que a diferenciação em relação a esse sentido seja possível, optamos por manter o termo em sua grafia latina (*sophisma*, no singular, e *sophismata*, no plural). Na filosofia medieval, *sophisma* é um termo técnico bastante preciso e não possui um sentido pejorativo, além de ser simplesmente uma proposição, e não um argumento. (Cf. verbete "Sophismata", em: Pironet; Spruyt, *Stanford Encyclopedia of Philosophy, on-line*, disponível em: <https://plato.stanford.edu/archives/win2019/entries/sophismata>. (N. T.)

de *sophismata* escritos por ele. Mas BAILE também deveria ter sabido, visto ter tratado o assunto de maneira tão detalhada, que aquele exemplo, que em certa medida se tornou o símbolo ou modelo da grande verdade por mim aqui defendida, é muito mais antigo do que BURIDAN – o que, contudo, desde então parece não ser notado. Ele já se encontra em DANTE, que dispunha de todo o saber de sua época, viveu antes de Buridan e não fala de asnos, mas de humanos, com as seguintes palavras que abrem o quarto livro de seu *Paradiso*:

> *Intra duo cibi, distanti e moventi*
> *D'un modo, prima si morría di fame,*
> *Che liber' uomo l'un recasse a' denti.*[5] *

Ele já se encontra até mesmo em Aristóteles, *De coelo*, II, 13, com estas palavras: καὶ ὁ λόγος τοῦ πεινῶντος καὶ διψῶντος σφόδρα μὲν, ὁμοίως δὲ, καὶ τῶν ἐδωδίμων καὶ ποτῶν ἴσον ἀπέχοντος, καὶ γὰρ τοῦτον ἠρεμεῖν ἀναγκαῖον (*item ea, quae de sitiente vehementer esurienteque dicuntur, cum aeque ab his, quae eduntur atque bibuntur, distat: quiescat enim necesse est*).** BURIDAN, a quem o exemplo havia sido transmitido a partir dessas fontes, tro-

---

5 *Inter duos cibos aeque remotos unuque modo motos constitutus, homo prius fame periret, quam ut, absoluta libertate usus, unum eorum dentibus admoveret.* (N. A.)

* "Entre dois pratos iguais, atraentes/ e a igual distância, antes morreria/ de fome, um homem, de lhes pôr os dentes". Alighieri, *A divina comédia*, p.513. (N. T.)

** "[...] igualmente o exemplo daquele homem faminto e sedento em alto e igualmente forte grau, quando se encontra igualmente distante de comida e bebida: ele tem de, necessariamente, permanecer parado" (295b 32). (N. T.)

cou o humano por um asno, simplesmente porque é o hábito desse pobre escolástico utilizar em seus exemplos ou Platão e Sócrates, ou *asinum*.

A pergunta pela liberdade da vontade é efetivamente uma pedra de toque com base na qual se podem diferenciar os espíritos capazes de pensamento profundo daqueles superficiais, ou um marco que indica a fronteira a partir da qual os dois tipos de pensadores seguem caminhos distintos, na medida em que aqueles, em conjunto, sustentam a necessária ocorrência da ação em presença de um dado caráter e um dado motivo, e os últimos, por outro lado, junto com o vulgo, aderem à liberdade da vontade. E então há também ainda um grupo intermediário que, sentindo-se confuso, se movimenta de um lado a outro, desloca, para si e para terceiros, o objetivo que se quer alcançar, se refugia atrás de palavras e frases, ou torce e distorce a questão por tanto tempo a ponto de não se saber mais para onde ela levava. Assim já fez LEIBNIZ, que era muito mais matemático e polímata do que filósofo.[6] Mas, para fazer esses oradores indecisos irem direto ao ponto, tem de se lhes formular a questão da seguinte maneira e não se desviar dela:

1) A uma determinada pessoa, sob determinadas circunstâncias, são duas ações possíveis ou apenas UMA? – Resposta de todos os que pensam de maneira profunda: apenas uma.

---

6 A inconstância de Leibniz nesse ponto se mostra da maneira mais clara em sua carta a COSTE, *Opera phil.*, p.447; na sequência, também na *Theodicée*, §§45-53. (N. A.)

2) Pode o curso de vida já transcorrido por uma determinada pessoa – visto que, por um lado, seu caráter se mantém imutável e, por outro, as circunstâncias cuja influência ela teve de experimentar, foram completamente e até o menor detalhe determinados de maneira necessária por causas externas, que ocorrem sempre com estrita necessidade, e cujo encadeamento, constituído a partir de membros completa e igualmente necessários, prossegue em direção ao infinito – em algum ponto, mesmo apenas no mais insignificante, em um evento qualquer, uma cena qualquer, se dar de maneira diferente do que aquela como se deu? – Não! É essa a resposta consistente e correta.

A consequência a partir das duas proposições é: TUDO QUE ACONTECE, DAS MAIORES COISAS ATÉ A MAIS DIMINUTA, ACONTECE NECESSARIAMENTE. *Quidquid fit necessario fit.*

Quem se estarrece com essas proposições ainda tem algo a aprender e outro tanto a desaprender: depois disso, contudo, irá reconhecer que elas são a fonte mais fecunda de consolo e apaziguamento. – Nossas ações certamente não são um primeiro começo, razão pela qual nada realmente novo vem a existir a partir delas. Antes, MEDIANTE AQUILO QUE FAZEMOS, MERAMENTE TOMAMOS CONHECIMENTO DAQUILO QUE SOMOS.

Sobre a convicção a respeito da rígida necessidade de tudo que acontece, ainda que não claramente conhecida, mas sim sentida, repousa também a visão, tão firme entre os antigos, sobre o *Fatum*, sobre a εἱμαρμενη,* assim como o fatalismo dos mao-

* "*Fatum*" e "/eimarmenh": destino. (N. T.)

metanos e até mesmo a em todos os lugares ineliminável crença em *Omina*,* porque precisamente até mesmo o menor dos acasos ocorre necessariamente, e todos os eventos, por assim dizer, acontecem sob um mesmo tempo, e, assim, tudo ressoa em tudo. Por fim, isso tem a ver inclusive com o fato de que alguém que, sem a menor das intenções e de maneira completamente acidental, mutilou ou matou um terceiro, lamenta esse *Piaculum* ao longo de toda sua vida com um sentimento que parece semelhante ao da culpa, e também, como *persona piacularis* (pessoa desafortunada), tem a experiência de um tipo próprio de descrédito, também de terceiros. Sim, até mesmo sobre a doutrina cristã da eleição pela graça a convicção sentida a respeito da imutabilidade do caráter e da necessidade de suas manifestações deve ter tido alguma influência. – Por fim, não quero aqui suprimir a seguinte observação, feita bastante superficialmente, que cada um, em conformidade com a maneira como pensa a respeito das coisas, pode acolher ou rejeitar, como preferir. Se não admitirmos a estrita necessidade de tudo que acontece em virtude de uma cadeia causal que conecta todos os eventos sem distinção, mas permitirmos que esta última seja interrompida em inúmeros pontos por meio de uma liberdade absoluta, então toda PREVISÃO DO FUTURO, em sonhos, no sonambulismo clarividente e na segunda visão (*second sight*) se torna até mesmo DE MANEIRA OBJETIVA e, por conseguinte, absolutamente IMPOSSÍVEL; e, assim, impensável: pois então não existe um futuro objetivamente real que, ainda que apenas como possibilidade, poderia ser previsto – em vez de, como agora, duvidarmos apenas de suas condições SUBJETIVAS, portanto, da possibilidade SUBJETIVA.

---

* Presságios. (N. T.)

Mas mesmo essa dúvida não pode mais ganhar terreno entre as pessoas bem informadas hoje em dia, depois de inúmeros testemunhos, dos mais confiáveis, terem confirmado aquelas antecipações do futuro.

Adiciono ainda duas reflexões, como corolários, à doutrina aqui estabelecida a respeito da necessidade de tudo que acontece.

O que seria deste mundo se a necessidade não permeasse todas as coisas e não as mantivesse coesas e, particularmente, não regulasse a reprodução dos indivíduos? Uma monstruosidade, um amontoado de escombros, uma caricatura sem qualquer significado, – com efeito, a obra do verdadeiro e propriamente dito acaso. –

Desejar que um evento qualquer não tivesse acontecido é um tolo tormento autoimposto: pois significa desejar algo absolutamente impossível e é tão irracional quanto o desejo de que o sol nasça no oeste. Precisamente porque tudo que acontece, seja algo grandioso ou pequeno, ocorre de maneira ESTRITAMENTE necessária, é completamente vão pensar a respeito de quão insignificantes e acidentais foram as causas que produziram aquele evento e de quão facilmente elas poderiam ter sido diferentes. Pois isso é ilusório, na medida em que todas elas ocorreram com necessidade igualmente estrita e atuaram com poder igualmente completo, assim como aquelas em consequência das quais o sol nasce no leste. Antes, devemos ver os eventos, e como eles ocorrem, precisamente com os mesmos olhos com que vemos o material impresso que lemos – tendo em mente que ele já estava lá antes que o lêssemos.

IV
Predecessores

Para comprovação da asserção apresentada a respeito do juízo de todos os pensadores profundos em vista de nosso problema, quero lembrar aqui de alguns dos grandes homens que se pronunciaram nesse sentido.

Antes de tudo, para tranquilizar aqueles que talvez pudessem pensar que motivos religiosos entrariam em conflito com a verdade por mim defendida, eu recordo que já Jeremias (10, 23) disse: "não é do homem o seu caminho; nem do homem que caminha o dirigir os seus passos". Mas recorro particularmente a LUTERO, que, em um livro escrito especialmente a esse respeito, *De servo arbitrio*, contesta com toda sua veemência a liberdade da vontade. Algumas passagens desse livro bastam para caracterizar sua opinião, que ele, evidentemente, não sustenta com fundamentos filosóficos, mas, sim, com teológicos. Eu as cito de acordo com a edição de Seb. Schmidt, Estrasburgo, 1707. – Lá, na p.145, lê-se: *Quare simul in omnium cordibus scriptum invenitur, liberum arbitrium nihil esse; licet obscuretur tot dis-*

*putationibus contrariis et tanta tot virorum auctoritate.** – p.214: *Hoc loco admonitos velim liberi arbitrii tutores, ut sciant, sese esse abnegatores Christi, dum asserunt liberum arbitrium.*** – p.220: *Contra liberum arbitrium pugnabunt Scripturae testimonia, quotquot de Christo loquuntur. At ea sunt innumerabilia, imo tota Scriptura. Ideo, si Scriptura judice causam agimus, omnibus modis vicero, ut ne jota unum aut apex sit reliquus, qui non damnet dogma liberi arbitrii.****

Agora, aos filósofos. Os antigos não devem ser levados em conta seriamente aqui, posto que sua filosofia, por assim dizer, até então em estado de inocência, ainda não tinha trazido claramente à consciência os dois mais profundos e sérios problemas da filosofia moderna, a saber, a questão a respeito da liberdade da vontade e a da realidade do mundo exterior, ou a respeito da relação daquilo que é ideal com aquilo que é real. Ademais, pode-se depreender razoavelmente em que medida o problema da liberdade da vontade se tornou claro aos antigos com base na *Ethica Nicom.* de Aristóteles, III, cap.1-8, na qual se encontra-

* "Por isso, acha-se simultaneamente escrito nos corações de todos que o livre-arbítrio nada é, ainda que isso seja obscurecido por tantos debates contrários e pela tão grande autoridade de tantos homens" (Lutero, "Da vontade cativa", em: *Obras selecionadas*, v.4, p.138). (N. T.)

** "[...] por meio desta passagem quero ter advertido os defensores do livre-arbítrio, a fim de que saibam que se tornam negadores de Cristo quando afirmam o livre-arbítrio" (ibid., p.205). (N. T.)

*** "[...] todos os testemunhos que falam de Cristo combaterão o livre-arbítrio. E esses são incontáveis, ou melhor, toda a Escritura. Por isso, se tratarmos deste assunto perante o tribunal da Escritura, serei vencedor em toda a linha, de sorte que não sobrará um único jota ou til que não condene o dogma do livre-arbítrio" (ibid., p.210). (N. T.)

rá que seu pensamento a esse respeito, naquilo que é essencial, trata apenas da liberdade física e da intelectual, de forma que ele sempre fala apenas de ἑκουσιον και ἀκουσιον,* tomando voluntário e livre como uma e a mesma coisa. O problema muito mais grave da LIBERDADE MORAL ainda não tinha se apresentado a ele, ainda que, às vezes, seus pensamentos cheguem até aí, particularmente em *Ethica Nicom.*, II, 2 e III, 7, na qual ele, contudo, incorre no erro de derivar o caráter a partir das ações, e não o contrário. Da mesma maneira ele critica muito erroneamente a convicção de Sócrates por mim citada. Em outras passagens, contudo, ele fez dessa convicção a sua, por exemplo em *Nicom.*, X, 10: τὸ μὲν οὖν τῆς φύσεως δῆλον ὡς οὐκ ἐφ' ἡμῖν ὑπάρχει, ἀλλὰ διά τινας θείας αἰτίας τοῖς ὡς ἀληθῶς εὐτυχέσιν ὑπάρχει (*quod igitur a natura tribuitur, id in nostra potestate non esse, sed, ab aliqua divina causa profectum, inesse in iis, qui revera sunt fortunati, perspicuum est*).** *Mox:**** Δεῖ δὴ τὸ ἦθος προϋπάρχειν πως οἰκεῖον τῆς ἀρετῆς, στέργον τὸ καλὸν καὶ δυσχεραῖνον το αἰσχρόν (*Mores igitur ante quodammodo insint oportet, ad virtutem accommodati, qui honestum amplectantur, turpitudineque offendantur*);**** o que está de acordo com a passagem que introduzi antes, assim como com *Eth. magna*, I, 11. Οὐκ ἔσται ὁ προαιρούμενος εἶναι σπουδαιότατος,

* Voluntário e involuntário. (N. T.)

** "No entanto, em relação à condição natural, é claro que ela não se encontra em nosso poder, mas, antes, em virtude de causas divinas, é própria daqueles verdadeiramente afortunados" (1179b21). (N. T.)

*** Logo em seguida. (N. T.)

**** "O caráter tem de, necessariamente, já existir de alguma maneira, e a maneira como ele, como semelhante à virtude, ama o que é bom e rejeita o que é mau" (1179b 29). (N. T.)

ἂν μὴ καὶ ἡ φύσις ὑπάρξῃ, βελτίων μέντοι ἔσται (*non enim ut quisque voluerit, erit omnium optimus, nisi etiam natura exstiterit: melior quidem recte erit*).* Nesse mesmo sentido, Aristóteles trata da questão da liberdade da vontade na *Ethica magna*, I, 9-18, e na *Ethica Eudemia*, II, 6-10, nas quais ele se aproxima um pouco mais do problema propriamente dito – mas tudo de maneira vacilante e superficial. Por toda parte, seu método é o de não ir direto ao ponto, procedendo analiticamente, mas, antes, sinteticamente, extraindo conclusões a partir de propriedades externas. Em vez de penetrar no tema para chegar ao cerne das coisas, ele se atém a características externas, até mesmo a palavras. Esse método conduz facilmente ao erro e, em problemas mais profundos, jamais ao objetivo. Aqui, então, ele para diante da suposta oposição entre aquilo que é necessário e aquilo que é voluntário, ἀναγκαιον και ἑκουσιον, como diante de um muro: apenas para além deste, no entanto, se situa a compreensão de que o que é voluntário, precisamente ENQUANTO TAL, É NECESSÁRIO, em virtude do motivo, sem o qual uma volição é tão pouco possível quanto sem um sujeito volitivo, motivo esse que é uma causa, tanto quanto a mecânica, em relação à qual ele só se distingue naquilo que não é essencial. No entanto, ele mesmo diz (*Eth. Eudem.*, II, 10): ἡ γὰρ οὗ ἕνεκα μία τῶν αἰτιῶν ἐστίν (*nam id, cujus gratia, una e causarum numero est*).** Precisamente por isso aquela oposição entre o que é voluntário e o que é necessário é fundamentalmente equivocada, ainda que, para muitos su-

* "Não se pode, mediante mera resolução, tornar-se o melhor se a condição natural para isso não existir, mas é possível, provavelmente, tornar-se alguém melhor" (1187b 28). (N. T.)

** "Pois a finalidade é um dos tipos de causa" (1226b 26). (N. T.)

postos filósofos, a coisa se dê, ainda hoje, como se dava para Aristóteles.

CÍCERO já apresenta de maneira consideravelmente clara o problema da liberdade da vontade no livro *de fato, c.10 & c.17*. Com efeito, o objeto de seu tratado conduz muito fácil e naturalmente a isso. Ele mesmo adere à liberdade da vontade. Mas nós vemos que Crisipo e Diodoro já devem ter tomado consciência do problema de maneira mais ou menos clara. – É digno de nota, também, o trigésimo diálogo dos mortos de LUCIANO, entre Minos e Sostratos, que nega a liberdade da vontade e, com ela, a responsabilidade.

Mas, em certa medida, o quarto livro dos Macabeus, na Septuaginta (ausente em Lutero), já é um tratado sobre a liberdade da vontade, na medida em que se propõe a provar que a razão (λογισμος) possui força para superar todas as paixões e afetos, e documenta isso, no segundo livro, através dos mártires judeus.

Dentre aqueles que conheço, o claro reconhecimento mais antigo de nosso problema se apresenta em CLEMENTE DE ALEXANDRIA, ao dizer (*Strom.*, I, §17): οὐτε δε οἱ ἐπαινοι, οὐτε οἱ ψογοι, οὐϑ' αἱ τιμαι, οὐϑ' αἱ κολασεις, δικαιαι, μη της ψυχης ἐχουσης την ἐξουσιαν της ὁρμης και ἀφορμης, ἀλλ' ἀκουσιου της κακιας οὐσης (*nec laudes, nec vituperationes, nec honores, nec supplicia justa sunt, si anima non habeat liberam potestatem et appetendi et abstinendi, sed sit vitium involuntarium*):* e, então, depois de uma oração que se refere a algo dito anteriormente: ἱν' ὁτι μαλιστα ὁ ϑεος μεν ἡμιν κακιας

* "Nem louvor, nem censura, nem honrarias, nem punições são justificadas se a alma não possui a capacidade de desejar ou de rejeitar, mas se, antes, o vício é involuntário" (*Stromata*, I, cap.17, §83). (N. T.)

ἀναιτιος (*ut vel maxime quidem Deus nobis non sit causa vitii*).* Esse complemento extremamente notável mostra em qual sentido a Igreja imediatamente apreendeu o problema e qual decisão ela de imediato antecipou como algo em conformidade com seu interesse. – Quase duzentos anos mais tarde, já encontramos a doutrina da vontade livre abordada em detalhe por NEMÉSIO, em sua obra *De natura hominis*, no fim do cap.35, e nos caps.39-41. Aqui a liberdade da vontade é, sem mais, identificada com o arbítrio, ou escolha, e, assim, defendida e exposta com todo o fervor. Em todo caso, já é uma ventilação do assunto.

Mas encontramos a consciência completamente desenvolvida de nosso problema, com tudo que lhe diz respeito, pela primeira vez no Pai da Igreja AGOSTINHO, que, por isso, apesar de ser muito mais teólogo do que filósofo, é aqui levado em conta. Contudo, nós o vemos posto imediatamente em notável constrangimento e insegura hesitação, que o conduzem a inconsistências e contradições em seus três livros *de libero arbitrio*. Por um lado, ele não quer, como PELÁGIO, ceder muito espaço à liberdade da vontade a ponto de, com isso, suspender o pecado original, a necessidade da redenção e a livre eleição pela graça, de forma que o ser humano pudesse ser justo por forças próprias e digno da bem-aventurança. Ele chega a dar a entender, no *Argumento in libros de lib. arb. ex Lib. I, c.9, Retractationum desumto*, que teria dito ainda mais a favor deste lado da controvérsia (que Lutero, mais tarde, defendeu tão veementemente) se aqueles livros não tivessem sido escritos antes do aparecimento de PELÁGIO, contra cuja opinião ele, então, redigiu

* "De forma que Deus de modo algum é para nós a causa do vício" (ibid., §84). (N. T.)

o livro *de natura et gratia*. Entretanto, ele já diz em *de lib. arb. III, 18*: *Nunc autem homo non est bonus, nec habet in potestate, ut bonus sit, sive non videndo qualis esse debeat, sive videndo et non volendo esse, qualem debere esse se videt. – Mox: vel ignorando non habet liberum arbitrium voluntatis ad eligendum quid recte faciat; vel resistente carnali consuetudine, quae violentia mortalis successionis quodammodo naturaliter inolevit, videat quid recte faciendum sit, et velit, nec possit implere.** E no mencionado *Argumento*: *Voluntas ergo ipsa, nisi gratia Dei liberatur a servitute, qua facta est serva peccati, et, ut vitia superet, adjuvetur, recte pieque vivi non potest a mortalibus.***

Contudo, por outro lado, as seguintes três razões o levaram a defender a liberdade da vontade:

1) Sua oposição em relação aos MANIQUEUS, contra os quais os livros *de lib. arb.* se dirigem expressamente, porque aqueles negavam a vontade livre e assumiam uma outra

* "Agora, porém, [...] ele [o homem] não é bom nem possui o poder de se tornar bom. Seja porque não vê em que estado deve se colocar, seja porque, embora o vendo, não tem a força de se alçar a esse estado melhor, no qual sabe que teria o dever de se pôr". – Logo em seguida: "[Nada de espantoso, aliás, se o homem,] em consequência da ignorância, não goze do livre-arbítrio de sua vontade na escolha do bem que deve praticar. Ou ainda, se diante da violência de seus maus hábitos carnais tornados, de certo modo, disposições naturais por efeito do que há de brutal na geração da vida mortal, o homem veja perfeitamente o bem a ser feito e o queira, sem contudo poder realizá-lo" (Agostinho, *O livre-arbítrio*, p.209-10). (N. T.)

** "Portanto, se a própria vontade não é, mediante a graça divina, liberta da servitude por meio da qual ela se tornou serva do pecado, e se ela não recebe apoio na superação dos vícios, então não se pode, entre os mortais, viver justa e piamente". (N. T.)

fonte primeira para o mal e para o sofrimento. Ele já alude a ela no último capítulo do livro *de animae quantitate: datum est animae liberum arbitrium, quod qui nugatoriis ratiocinationibus labefactare conantur, usque adeo coeci sunt, ut caet.**

2) O engano natural, e por mim exposto, em virtude do qual o "eu posso fazer aquilo que quero" é visto como a liberdade da vontade, e "VOLUNTÁRIO" é tomado como imediatamente idêntico a "LIVRE": *de lib. arb. I, 12. Quid enim tam in voluntate, quam ipsa voluntas, situm est?***

3) A necessidade de conciliar a responsabilidade moral do ser humano com a justiça de Deus. Com efeito, não escapou à agudeza de espírito de Agostinho uma preocupação tão séria, cuja eliminação é tão difícil que, até onde sei, todos os filósofos que se seguiram, com exceção de três que, por isso, examinaremos em breve com mais detalhe, preferiram contorná-la, bem quietinhos, como se ela não existisse. Agostinho, por outro lado, a expressa, com nobre franqueza e de maneira bastante direta, logo nas palavras de abertura dos livros *de lib. arb.*: *Dic mihi, quaeso, utrum Deus non sit autor mali?**** – E depois, com mais detalhes, logo no segundo capítulo: *Movet autem animum, si peccata ex his animabus sunt, quas Deus creavit, illae autem animae ex Deo; quomodo non, parvo intervallo, peccata referantur in Deum.**

* "[...] foi concedido o livre-arbítrio à alma, e alguns que o procuram negar com razões sem fundamento, parecem cegos" (id., *Sobre a potencialidade da alma*, p.172). (N. T.)

** "Com efeito, haveria alguma coisa que dependa mais de nossa vontade do que a própria vontade?" (id., *O livre-arbítrio*, op. cit., p.56-7). (N. T.)

*** "Peço-te que me digas, será Deus o autor do mal?" (ibid., p.25). (N. T.)

Ao que replica o interlocutor: *Id nunc plane abs te dictum est, quod me cogitantem satis excruciat.*** – LUTERO retomou essa consideração extremamente séria e a destacou com toda a veemência de sua eloquência em *De servo arbitrio*, p.144. *At talem oportere esse Deum, qui* libertate *sua* necessitatem *imponat nobis, ipsa ratio naturalis cogitur confiteri. – Concessa praescientia et omnipotentia, sequitur naturaliter, irrefragabili consequentia, nos per nos ipsos non esse factos, nec vivere, nec agere quidquam, sed per illius omnipotentiam. – – Pugnat ex diametro praescientia et omnipotentia Dei cum nostro libero arbitrio. – Omnes homines coguntur inevitabili consequentia admittere, nos non fieri nostra voluntate, sed necessitate; ita nos non facere quod libet, pro jure liberi arbitrii, sed prout Deus praescivit et* agit *consilio et virtute infallibili et immutabili,**** e assim por diante.

No início do século XVII, encontramos VANINI, completamente tomado por esse conhecimento. Este é o cerne e a alma de sua constante revolta contra o teísmo, ainda que, sob a pressão de seu tempo, seja encoberta da maneira mais inteligente possível. Em toda oportunidade ele retorna a ela e não se cansa de expô-la a partir dos mais diversos pontos de vista. Por exemplo, em seu *Amphitheatro aeternae providentiae, exercitatio 16*, ele diz:

---

* "Todavia, perturba-nos o espírito uma consideração: se o pecado procede dos seres criados por Deus, como não atribuir a Deus os pecados, sendo tão imediata a relação entre ambos?" (ibid., p.28). (N. T.)

** "Acabas de formular [...] a dúvida que cruelmente me atormentou o pensamento" (ibid., p.29). (N. T.)

*** "Mas a própria razão natural é forçada a confessar que [...] Deus [...] precisa ser tal que nos imponha a *necessidade* por meio de sua *liberdade*." – "Admitidas a presciência e a onipotência, segue-se naturalmente, por meio de uma consequência lógica irresistível, que nós não fomos feitos por nós mesmos, e não vivemos nem fazemos

*Si Deus vult peccata, igitur facit: scriptum est enim "omnia quaecunque voluit fecit". Si non vult, tamen committuntur: erit ergo dicendus improvidus, vel impotens, vel crudelis; cum voti sui compos fieri aut nesciat, aut nequeat, aut negligat. ––– Philosophi inquiunt: si nollet Deus pessimas ac nefarias in orbe vigere actiones, procul du bio uno nutu extra mundi limites omnia flagitia exterminaret, profligaretque: quis enim nostrum divinae potest resistere voluntati? Quomodo invito Deo patrantur scelera, si in actu quoque peccandi scelestis vires subministrat? Ad haec, si contra Dei voluntatem homo labitur, Deus erit inferior homine, qui ei adversatur, et praevalet. Hinc deducunt: Deus ita desiderat hunc mundum, qualis est: si meliorem vellet, meliorem haberet.** – E, na *exercitatio* 44, lemos: *Instrumentum movetur prout a suo principali dirigitur: sed nostra voluntas in suis operationibus se habet tanquam instrumentum, Deus vero ut agens principale: ergo si haec male operatur, Deo imputandum est. ––– Voluntas nostra non solum quoad motum, sed quoad substantiam quoque tota a Deo*

---

coisa alguma que não [ocorra] através de sua onipotência." –– "A presciência e a onipotência de Deus opõem-se diametralmente ao nosso livre-arbítrio." – "[Todos os homens] são forçados a admitir imediatamente, mediante uma conclusão inevitável, que não fomos feitos por nossa vontade, mas por necessidade; e assim, que não fazemos coisa alguma por causa do direito do livre-arbítrio, mas conforme a presciência de Deus e conforme conduz de acordo com [seu] conselho e poder infalível e imutável" (Lutero, *Da vontade cativa*, op. cit., p.137-8). (N. T.)

* "Se Deus quer os pecados, então ele os faz: pois está escrito: 'tudo que ele alguma vez já quis, ele fez'. Se ele não os quis, e eles, ainda assim, são cometidos, então temos de tomá-lo ou por não previdente, ou por não onipotente, ou por cruel; posto que ele, então, não executa sua decisão, seja por desconhecimento, impotência ou negligência. ––– Os filósofos dizem: se Deus não quisesse que houvesse no mundo as ações ignóbeis e abjetas, então ele, sem dúvida, com apenas um gesto, baniria do mundo e aniquilaria todos os atos vis. Pois quem de nós teria

*dependet: quare nihil est, quod eidem imputari vere possit, neque ex parte substantiae, neque operationis, sed totum Deo, qui voluntatem sic formavit, et ita movet. – – – – Cum essentia et motus voluntatis sit a Deo, adscribi eidem debent vel bonae, vel malae voluntatis operationes, si haec ad illum se habet velut instrumentum.** Porém, quando se trata de VANINI, não se pode perder de vista que ele o tempo todo utiliza o estratagema de, na pessoa de um oponente, expor e provar sua verdadeira opinião, convincente e detalhadamente, como aquela que ele quer rejeitar e rebater, para então, em seu nome, opor-se a ela com fundamentos rasos e argumentos fracos e, então, *tanquam re bene gesta,*** partir triunfante – confiando na malícia de seu leitor. Por meio desse artifício astucioso ele enganou até mesmo a altamente erudita Sorbonne, que, tomando tudo

condições de se opor à vontade divina? Como podem ser executados os delitos contra a vontade de Deus se ele, a cada ato pecaminoso, concede ao pecador a força para isso? Ademais, se o homem comete um deslize contra a vontade de Deus, então Deus é mais fraco do que o homem, que se opõe a ele e o vence. Daqui, deduzem que Deus quer o mundo tal como ele é: quisera ele um mundo melhor, ele o teria." (N. T.)

* "Um instrumento é movido tal como é dirigido por quem o possui. Mas nossa vontade, em suas tarefas, se comporta como um instrumento; Deus, por outro lado, como aquele que propriamente age. Se, por conseguinte, a vontade age de maneira reprovável, Deus deve ser responsabilizado. – – – Nossa vontade não depende completamente de Deus apenas em vista de sua atuação, mas também em vista de sua essência. Assim, não há nada que se possa verdadeiramente atribuir à vontade, nem segundo sua essência, nem segundo sua atuação, mas tudo tem de ser atribuído a Deus, que assim formou a vontade e assim a move. – – – Posto que a essência e a atividade da vontade emanam de Deus, então têm de ser atribuídos a este tanto os bons como os maus efeitos da vontade, se, com efeito, a vontade se relaciona com ele como um instrumento." (N. T.)

** Como se tivesse se saído bem. (N. T.)

aquilo por sua aparência superficial, inocentemente concedeu a seus escritos mais hereges o *imprimatur*. Com alegria ainda mais sincera ela o viu, três anos mais tarde, ser queimado vivo, não antes de ter-lhe cortado a língua blasfema. Afinal, é esse o argumento realmente poderoso dos teólogos e, desde que ele lhes foi tomado, a situação tem piorado muito.

Entre os filósofos em sentido estrito, HUME é o primeiro, se não me engano, a não contornar essa preocupante e tão séria questão, primeiramente sugerida por Agostinho. Antes, ele o apresenta abertamente, sem, contudo, fazer referência a Agostinho, Lutero, ou, muito menos, Vanini, em seu *Essay on Liberty and Necessity*, no qual, perto do fim, lemos: *The ultimate author of all our volitions is the creator of the world, who first bestowed motion on this immense machine, and placed all beings in that particular position, whence every subsequent event, by an unevitable necessity, must result. Human actions therefore either can have no turpitude at all, as proceeding from so good a cause, or, if they have any turpitude, they must involve* our creator *in the same guilt, while he is acknowledged to be their ultimate cause and author. For as a man, who fired a mine, is answerable for all the consequences, whether the train employed be long or short; so wherever a continued chain of necessary causes is fixed, that Being, either finite or infinite, who produces the first, is likewise the author of all the rest.*[1] Ele faz uma

1 A alguns leitores alemães, uma tradução dessa e das demais passagens em inglês será bem-vinda: "O autor último de todas nossas volições é o criador do mundo, que pôs em movimento pela primeira vez essa imensa máquina e colocou todos os seres na particular posição a partir da qual todos os eventos subsequentes tiveram de resultar. Por isso, ações humanas ou não são capazes de absolutamente nenhuma maldade, porque procedem de uma causa tão boa; ou, no entanto, caso elas possam ser de alguma maneira ruins, então elas implicam

tentativa de solucionar esse problema, mas, ao fim, confessa tomá-lo por insolúvel.

Também Kant, independentemente de seus predecessores, se depara com a mesma pedra de toque, na *Crítica da razão prática*, na p.180*ss* da quarta edição, e na p.232 da edição de Rosenkranz: "parece que, no momento em que se admite *Deus* como sendo, enquanto ser originário universal, a CAUSA também DA EXISTÊNCIA DA SUBSTÂNCIA [...], também se teria de conceder que as ações do homem têm o seu fundamento determinante naquilo que está totalmente fora de seu poder, a saber, na causalidade de um ser supremo distinto dele, do qual depende completamente a sua existência e toda a determinação de sua causalidade. — — O homem seria uma marionete, ou um autômato de Vaucanson, fabricado e armado pelo mestre supremo de todas as obras de arte, e a autoconsciência faria dele certamente um autômato pensante, no qual todavia a consciência de sua espontaneidade, se fosse tomada como liberdade, seria mera ilusão na medida em que ela mereceria ser assim denominada apenas comparativamente, porque as próximas causas determinantes de seu movimento e uma longa série delas remontando às suas causas determinantes são certamente internas, mas a causa última e suprema se encontra totalmente em

---

nosso criador na mesma culpa, posto ser ele reconhecidamente sua última causa, seu autor. Pois assim como um homem que acende uma mina é responsável por todas as consequências disso, tendo o rastilho sido longo ou curto; da mesma forma, em toda parte onde um encadeamento ininterrupto de causas necessariamente atuantes é fixado, o ser que produziu a primeira, seja ele finito ou infinito, é também o autor de todo o resto." (N. A.)

uma mão alheia."* – Ele então procura suprimir esse grande problema por meio da diferenciação entre coisa em si e aparência. Porém, por meio dela, fica tão evidente que não se altera nada no essencial da coisa, que estou convencido de que ele não deve de modo algum tê-la proposto seriamente. Ele mesmo admite a insuficiência de sua solução na p.184, onde acrescenta: "Mas seria então mais fácil ou mais compreensível qualquer outra solução que se buscou ou que se possa buscar? Pode-se antes dizer que os professores dogmáticos de metafísica provaram mais a sua SUTILEZA do que sinceridade, ao afastar dos olhos tão longe quanto possível esse difícil ponto, na esperança de que, se não falassem nada sobre ele, do mesmo modo ninguém pensaria nele facilmente".**

Depois dessa bastante notável compilação de vozes extremamente heterogêneas, todas dizendo a mesma coisa, retorno ao nosso Pai da Igreja. As razões com as quais ele espera afastar o problema, por ele sentido em toda sua seriedade, são teológicas, não filosóficas, não possuem, assim, validade incondicional. A base sobre a qual ele as apoia é, como dito, a terceira razão, acrescentada às duas antes citadas, pela qual ele procura defender um *liberum arbitrium* concedido por Deus ao homem. Tal *liberum arbitrium*, uma vez que se coloca entre o criador e os pecados de sua criatura, separando-os, seria efetivamente

---

* Kant, *Crítica da razão prática*, trad. Monique Hulshof, p.134-5. Em relação à versão do texto que consta na tradução citada, dois trechos foram suprimidos aqui: um por nós (no lugar do qual inserimos "[...]"), pois consta na tradução utilizada e não na citação inserida por Schopenhauer, e um pelo próprio filósofo (substituído por "– –"). (N. T.)

** Ibid., p.136-7. (N. T.)

suficiente para afastar o problema em sua totalidade se ele apenas continuasse a ser ao menos PENSÁVEL no caso de uma consideração séria e profunda com a mesma facilidade com a qual é expresso em palavras e, em todo caso, pode bastar para o pensamento que não vai muito além destas. Mas como é que pode ser imaginável um ente que, segundo toda sua *Existentia* e *Essentia*, é obra de um terceiro, e que poderia, ainda assim, determinar a si mesmo original e fundamentalmente e, por conseguinte, ser responsável por seu agir? O princípio *Operari sequitur esse*, isto é, os efeitos de todo ser resultam de sua constituição, invalida aquela admissão, mas não é, ele mesmo, passível de invalidação. Se um ser humano age mal, então isso se deve ao fato de que ele é mau. Porém, àquele princípio se vincula seu *Collorarium*: *ergo unde esse, inde operari*.* O que é que se diria do relojoeiro que se enfurecesse com seu relógio por este não estar funcionando corretamente? Caso ainda se quisesse tanto assim fazer da vontade uma *tabula rasa*, então não seria possível evitar que se concedesse, se, por exemplo, entre duas pessoas, em termos morais, uma delas observasse uma conduta completamente oposta à da outra, que essa diferença, que, afinal, tem de se originar em algum lugar, tem seu fundamento ou nas circunstâncias externas, caso em que, então, a culpa evidentemente não atinge as pessoas, ou então em uma diferença original da própria vontade delas, caso em que, então, culpa e mérito, mais uma vez, não as atinge, se todo seu ser e essência é obra de um terceiro. Depois de os mencionados grandes homens terem se esforçado em vão para achar uma saída desse

* "De onde vem o ser, lá se origina também sua maneira de ação." (N. T.)

labirinto, eu confesso, de bom grado, que pensar a responsabilidade moral da vontade humana sem a asseidade da mesma ultrapassa também a minha capacidade de compreensão. Sem dúvida foi a mesma incapacidade que ditou a sétima das oito definições com as quais ESPINOSA abre sua *Ética*: *ea res libera dicetur, quae ex sola naturae suae necessitate existit, et a se sola ad agendum determinatur; necessaria autem, vel potius coacta, quae ab alio determinatur ad existendum et operandum.**

Se, com efeito, uma ação má se origina na natureza, isto é, na constituição inata do ser humano, então a culpa evidentemente se situa no autor dessa natureza. É por isso que se inventou a vontade livre. Mas onde, então, sob admissão desta, aquela natureza deveria se originar, é algo que simplesmente não se pode compreender. Porque ela é, no fundo, uma propriedade meramente NEGATIVA e quer dizer apenas que nada compele o ser humano a – ou o impede de – agir de uma maneira ou de outra. Por meio disso, contudo, jamais fica claro ONDE, afinal, a ação se origina, visto que ela não deve proceder da constituição inata, ou adquirida, do ser humano, na medida em que ela, então, se tornaria um fardo para seu criador; nem simplesmente das circunstâncias externas, na medida em que ela, então, teria de ser atribuída ao acaso. Assim, o ser humano permaneceria em todo o caso livre de culpa – ao passo que ele é, contudo, considerado responsável pela ação. A imagem natural de uma vontade livre é a de uma balança sem carga: ela permanece lá tranquilamente e jamais sairá

** "É dita livre aquela coisa que existe a partir da só necessidade de sua natureza e determina-se por si só a agir. Porém, necessária, ou antes coagida, aquela que é determinada por outro a existir e a operar de maneira certa e determinada" (Espinosa, *Ética*, p.47). (N. T.)

do equilíbrio se algo não for colocado em um de seus pratos. Assim como ela não pode, por si mesma, produzir o movimento, tampouco pode a vontade livre, por si mesma, produzir uma ação: precisamente porque do nada, nada vem a ser. Se for para a balança pender para um lado, então um outro corpo tem de ser posto sobre ela, corpo que é, então, a fonte do movimento. Da mesma maneira, a ação humana tem de ser produzida por meio de algo que atua POSITIVAMENTE e que é algo além de uma liberdade meramente NEGATIVA. Mas isso pode ser de dois tipos: ou os motivos, isto é, as circunstâncias externas, o fazem em e por si, e o ser humano, então, evidentemente não é responsável pela ação (e assim todas as pessoas teriam de, em circunstâncias iguais, agir exatamente da mesma maneira); ou, então, isso que atua positivamente se origina em sua suscetibilidade para tais motivos, se origina, portanto, no caráter inato, isto é, nas inclinações originalmente intrínsecas à pessoa, que podem ser diferentes nos indivíduos e em virtude das quais os motivos fazem efeito. Mas, nesse caso, a vontade já não é mais livre: pois essas inclinações são o peso colocado no prato da balança. A responsabilidade recai sobre aquele que o colocou lá, isto é, sobre aquele cuja obra a pessoa com tais inclinações é. Portanto, esta só é responsável por seu agir no caso de ela mesmo ser sua própria obra, isto é, no caso de possuir asseidade.

Todo o ponto de vista aqui exposto sobre o assunto permite mensurar tudo que se vincula à liberdade da vontade, sendo esta última algo que constitui um abismo insuperável entre o criador e os pecados de sua criatura. A partir do que se torna compreensível por que os teólogos tão insistentemente se apegam a ela, e seus escudeiros, os professores de filosofia, em conformidade com seu dever, os apoiam tão fervorosamente nessa tarefa, de tal forma que eles, surdos e cegos em relação às mais convincentes provas em contrário expostas por grandes pensadores, se apegam à vontade livre e por ela lutam como *pro ara et focis.**

Mas para finalmente concluir minha exposição interrompida sobre AGOSTINHO, sua opinião como um todo vai na direção de dizer que apenas antes da queda o ser humano teria tido uma vontade totalmente livre e que, depois dela, tendo sucumbido ao pecado original, teria de esperar sua salvação advinda da eleição pela graça ou da redenção: o que, dito assim, soa como um Pai da Igreja.

Entretanto, por intermédio de AGOSTINHO e de sua disputa com maniqueus e pelagianos, a filosofia despertou para a consciência de nosso problema. A partir de então tornou-se-lhe gradualmente mais claro, através dos escolásticos, a respeito do que é que o *sophisma* de BURIDAN e a passagem de DANTE citada dão testemunho. – Contudo, ao que tudo indica, quem pela primeira vez foi ao fundo da questão foi THOMAS HOBBES, cujo escrito dedicado especialmente a esse objeto, *Questiones de libertate et necessitate, contra Doctorem Branhallum*, foi publicado em 1656. Hoje ele é raro. Em língua inglesa ele se encontra em *Th. Hobbes Moral and Political Works*, um volume em fólio, Londres, 1750, p.469*ss*, de onde retiro as seguintes passagens principais. Na p.483:

* A expressão pode ser tomada como uma versão de "*pro aris et focis*", presente em *Sobre a natureza dos deuses* (Cícero, *De natura deorum*, III, 40, 94), de Cícero. Nessa formulação original, seu significado é o de "pelos altares e lares", tendo sido usada, desde então, já em um contexto monoteísta, também no sentido de "por Deus e pátria". Schopenhauer parece fazer esse mesmo uso, mas apenas com mais rigor, fazendo a adaptação necessária, ao passar o primeiro substantivo para o singular (de "*aris*" para "*ara*"). (N. T.)

6) *Nothing takes a beginning from itself; but from the action of some other immediate agent, without itself. Therefore, when first a man has an appetite or will to something, to which immediately before he had no appetite nor will; the cause of his will is not the will itself, but something else not in his own disposing. So that, whereas it is out of controversy, that of voluntary actions the will is the necessary cause, and by this which is said, the will is also necessarily* caused *by other things, whereof it disposes not, it follows that voluntary actions have all of them necessary causes, and therefore are* necessitated.

7) *I hold* that *to be a* sufficient *cause, to which nothing is wanting that is needfull to the producing of the* effect. *The same is also a* necessary *cause: for, if it be possible that a* sufficient *cause shall not bring forth the* effect, *then there wanteth somewhat, which was needfull to the producing of it; and so the cause was not* sufficient. *But if it be impossible that a* sufficient *cause should not produce the effect; then is a* sufficient *cause a* necessary *cause. Hence it is manifest, that whatever is produced, is produced* necessarily. *For whatsoever is produced has had a* sufficient *cause to produce it, or else it had not been: and therefore also* voluntary *actions are* necessitated.

8) *That ordinary definition of a free agent (namely that a free agent is that, which, when all things are present, which are needfull to produce the effect, can nevertheless not produce it) implies a contradiction and is Nonsense; being as much as to say, the cause may be* sufficient, *that is to say* necessary, *and yet the effect shall not follow. –*

P.485. *Every accident, how contingent soever it seem, or how* voluntary *soever it be, is produced* necessarily.[2]

---

2 6) Nada tem seu início em si mesmo, tudo o tem mediante a ação de alguma outra causa imediata, situada fora dele. Assim, se uma pessoa agora deseja ou quer algo que ela imediatamente antes não desejava nem queria; então a causa de seu querer não é esse querer

Em seu célebre livro *de cive*, c.1, §.7, ele diz: *Fertur unusquisque ad appetitionem ejus, quod sibi bonum, et ad fugam ejus, quod sibi malum est, maxime autem maximi malorum naturalium, quae est mors; idque necessitate quadam naturae non minore, quam qua fertur lapis deorsum.**

---

ele mesmo, mas algo outro, que não depende dela. Por conseguinte, posto que a vontade indiscutivelmente é a causa necessária das ações voluntárias e, em conformidade com o que acabou de ser dito, a vontade é necessariamente causada por coisas independentes dela; então se segue que todas ações voluntárias possuem causas NECESSÁRIAS e são, portanto, PROVOCADAS NECESSARIAMENTE.
7) Como uma causa SUFICIENTE eu reconheço aquela à qual não falta nada daquilo que é necessário para a produção do EFEITO. Mas semelhante causa é, simultaneamente, NECESSÁRIA. Pois se fosse possível que uma causa SUFICIENTE não produzisse seu efeito; então teria de lhe ter faltado algo de necessário para a produção deste: mas então a causa não era SUFICIENTE. Mas se é impossível que uma causa SUFICIENTE não produza seu efeito; então uma causa SUFICIENTE é também uma causa NECESSÁRIA. A partir daqui se segue evidentemente que tudo que é produzido é produzido NECESSARIAMENTE. Pois tudo que é produzido teve uma causa SUFICIENTE que o produziu; do contrário, não teria surgido. Portanto, também as ações VOLUNTÁRIAS são provocadas necessariamente.
8) Aquela definição comum de um agente que age livremente (a saber, que ele seria aquele que, se tudo aquilo que é necessário para a produção do efeito estivesse presente, poderia, ainda assim, NÃO produzi-lo) contém uma contradição e é um absurdo; pois ela quer dizer que uma causa poderia ser SUFICIENTE, isto é, NECESSÁRIA, e o efeito, ainda assim, poderia não se seguir.
P.485. Todo evento, por mais CONTINGENTE que pareça, ou por mais VOLUNTÁRIO que possa ser, se segue NECESSARIAMENTE. (N. A.)

* "Pois todo homem é desejoso do que é bom para ele, e foge do que é mau, mas acima de tudo do maior dentre os males naturais, que é a morte; e isso ele faz por um certo impulso da natureza, com tanta certeza como uma pedra que cai" (Hobbes, *Do cidadão*, p.31). (N. T.)

Logo depois de HOBBES, vemos ESPINOSA tomado pela mesma convicção. Algumas passagens bastarão para caracterizar sua doutrina a respeito deste ponto.

Eth., p.I, *prop.* 32. *Voluntas non potest vocari causa libera, sed tantum necessaria. – Coroll.* 2. *Nam voluntas, ut reliqua omnia, causa indiget, a qua ad operandum certo modo determinatur.**

Ibid., p.II, *scholium ultimum. Quod denique ad quartam objectionem (de Buridani asina) attinet, dico, me omnino concedere, quod homo in tali aequilibrio positus (nempe qui nihil aliud percipit quam sitim et famem, talem cibum et talem potum, qui aeque ab eo distant) fame et siti peribit.***

Ibid., p.III, *prop.* 2. *Schol. Mentis decreta eadem necessitate in mente oriuntur, ac ideae rerum actu existentium. Qui igitur credunt, se ex libero mentis decreto loqui vel tacere, vel quidquam agere, oculis apertis somniant.**** – *Epist.* 62. *Unaquaeque res necessario a causa externa aliqua determinatur ad exis-*

* Proposição 32: "A vontade não pode ser chamada causa livre, mas somente necessária". Corolário II: "Pois a vontade, como todo o resto, precisa de uma causa pela qual seja determinada a [...] operar de maneira certa" (Espinosa, *Ética*, p. 99 e 100). Omitimos parte da oração para que a tradução coincida com o texto citado por Schopenhauer. (N. T.)

** "Finalmente, no que concerne à quarta objeção [(a respeito do asno de Buridan)], digo que concedo inteiramente que um homem posto em tal equilíbrio (a saber, que nada percebe senão a sede e a fome, tal comida e tal bebida a igual distância dele) perecerá de fome e de sede" (ibid., p.227). (N. T.)

*** "[...] estes decretos da Mente se originam nela com a mesma necessidade que as ideias das coisas existentes em ato. Por isso aqueles que creem que falam, ou calam, ou fazem o que quer que seja, por livre decreto da Mente, sonham de olhos abertos" (ibid., p.247). (N. T.)

*tendum et operandum certa ac determinata ratione. Ex. gr. lapis a causa externa, ipsum impellente, certam motus quantitatem accipit, qua postea moveri necessario perget. Concipe jam lapidem, dum moveri pergit, cogitare et scire, se, quantum potest, conari, ut moveri pergat. Hic sane lapis, quandoquidem sui tantummodo conatus est conscius et minime indifferens, se liberrimum esse et nulla alia de causa in motu perseverare credet, quam quia vult. Atque haec humana illa libertas est, quam omnes habere jactant, et quae in hoc solo consistit, quod homines sui appetitus sint conscii, et causarum, a quibus determinantur, ignari. — — His, quaenam mea de libera et coacta necessitate, deque ficta humana libertate sit sententia, satis explicui.**

---

* "Cada coisa determina-se necessariamente por alguma causa externa a existir e a operar por certa e determinada razão. P. ex.: uma pedra, pela causa externa que a impele, recebe certa quantidade de movimento, pela qual, em seguida, continua a mover-se necessariamente. Conceba agora uma pedra que, entrementes, continue a mover-se, pensa e sabe que, o quanto pode, se esforça para continuar a mover-se. Decerto, essa pedra, uma vez que tão somente é consciente de seu esforço e de nenhuma maneira lhe é indiferente, crerá que é muitíssimo livre e que não persevera em movimento por nenhuma outra causa senão porque quer. E essa é aquela liberdade humana que todos se gabam ter e que consiste só nisto: que os homens são cônscios de seus apetites e ignorantes das causas, pelas quais se determinam. — — Qual é a minha sentença sobre a necessidade livre e coagida e sobre a fictícia liberdade humana, expliquei suficientemente sobre estas coisas." Nas edições de Espinosa realizadas a partir de 1920, a numeração das cartas é diferente daquela presente nas edições disponíveis à época de Schopenhauer. Assim, o que o filósofo indica aqui como carta 62, as edições contemporâneas de Espinosa apresentam como carta 58. Ademais, a citação de Schopenhauer não segue precisamente o texto da carta em questão. (Agradecemos a Diego Lanciote pelo esclarecimento desse ponto e pela tradução dessa passagem.) (N. T.)

Mas é uma circunstância notável que ESPINOSA só tenha chegado a essa compreensão em seus últimos anos (isto é, aos quarenta), depois de, antes, no ano de 1665, quando ainda era um cartesiano, ter defendido determinada e energicamente a opinião oposta em seus *Cogitatis metaphysicis*, c.12, e até mesmo, em contradição direta com o *Scholio ultimo Partis II*, que acabei de citar, ter dito, em relação ao *sophisma* de Buridan: *si enim hominem loco asinae ponamus in tali aequilibrio positum, homo, non pro re cogitante, sed pro turpissimo asino erit habendus, si fame et siti pereat.**

Mais à frente, eu ainda terei de falar a respeito da mesma mudança de opinião e conversão de outros dois grandes homens. Isso prova quão difícil e profunda é a correta compreensão no âmbito de nosso problema.

HUME, em seu *Essay on Liberty and Necessity*, do qual eu já tive de citar uma passagem, escreve com a mais clara convicção a respeito da necessidade das volições individuais na presença de motivos dados e a expõe, a seu modo universalmente compreensível, de maneira extremamente clara. Ele diz: *Thus it appears that the conjunction between motives and voluntary actions is as regular and uniform as that between the cause and effect in any part of nature.*[3] E ainda: *It seems almost impossible, therefore, to engage either in science or action of any kind, without acknowledging the doctrine of neces-*

* "Com efeito, se em lugar do asno supusermos um homem posto em tal equilíbrio, será preciso ter o homem não por coisa pensante, mas por um asno torpíssimo, se ele morrer de fome e sede" (Espinosa, *Princípios de filosofia cartesiana e pensamentos metafísicos*, p.261). (N. T.)

3 "Então resulta que a conexão entre motivos e ações voluntárias é tão regular e uniforme quanto pode ser aquela entre causa e efeito em qualquer parte da natureza." (N. A.)

sity and this inference from motives to voluntary actions, from character to conduct.*[4]

Mas nenhum escritor demonstrou a necessidade das volições tão detalhada e convincentemente quanto PRIESTLEY, em sua obra dedicada exclusivamente a esse objeto: *The Doctrine of Philosophical Necessity*. Aquele que não se deixa convencer por esse livro escrito de maneira extremamente clara e compreensível deve ter o entendimento realmente paralisado por juízos preconcebidos. Para a apresentação de seus resultados, insiro aqui algumas passagens, que cito de acordo com a segunda edição, Birmingham, 1782.

Prefácio, p.xx. *There is no absurdity more glaring to my understanding, than the notion of philosophical liberty.* – p.26. *Without a miracle, or the intervention of some foreign cause, no volition or action of any man could have been otherwise, than it has been.* – p.37. *Though an inclination or affection of mind be not gravity, it influences me and acts upon me as certainly and necessarily, as this power does upon a stone.* – p.43. *Saying that the will is* self-determined, *gives no idea at all, or rather implies an absurdity, viz: that a* determination, *which is an* effect, *takes place, without any cause at all. For exclusive of every thing that comes under the denomination of* motive,

* Nas citações que Schopenhauer faz de Hobbes e Hume, encontramos cinco ocorrências de "*voluntary actions*". É interessante notar que Schopenhauer traduz quatro delas por "*willkührliche Handlungen*" – que então aparece em nossa tradução como "ações voluntárias" – e apenas esta última por "*Willensakt*". (N. T.)

4 "Por conseguinte, parece quase impossível empreender algo, seja na ciência ou em ações de qualquer tipo, sem reconhecer a doutrina da necessidade e aquela inferência a partir de motivos a volições, do caráter à conduta." (N. A.)

there is really nothing at all left, to produce the determination. Let a man use what words *he pleases, he can have no more* conception *how we can sometimes be determined by motives, and sometimes without any motive, than he can have of a scale being sometimes weighed down by weights, and sometimes by a kind of substance that has no weight at all, which, whatever it be in itself, must, with respect to the scale be* nothing. – p.66. *In proper philosophical language, the motive ought to be call'd the* proper cause *of the action. It is as much so as any thing in nature is the cause of any thing else.* – p.84. *It will never be in our power to choose two things, when all the previous circumstances are the very same.* – p.90. *A man indeed, when he reproaches himself for any particular action in his passed conduct, may fancy that, if he was in the same situation again, he would have acted differently. But this is a mere* deception; *and if he examines himself strictly, and takes in all circumstances, he may be satisfied that, with the same inward disposition of mind, and with precisely the same view of things, that he had then, and exclusive of all others, that he has acquired by reflection* since, *he could not have acted otherwise than he did.* – p.287. *In short, there is no choice in the case, but of the doctrine of necessity or absolute nonsense.* – [5]

---

5 P.XX. "Para meu entendimento, não existe mais flagrante absurdo do que o conceito de liberdade moral." – p.26. "Sem um milagre ou a intervenção de alguma causa externa, nenhuma volição ou ação de uma pessoa qualquer poderia ocorrer diferentemente de como ocorreu." – p.37. "Ainda que uma inclinação ou determinação de meu ânimo não seja a gravidade, ela ainda assim possui uma influência tão certa e necessária sobre mim como aquela força possui sobre uma pedra." – p.43. "A expressão de que a vontade seria ALGO QUE SE AUTODETERMINA não fornece absolutamente nenhuma ideia ou, antes, contém um absurdo, a saber, o de que uma DETERMINAÇÃO, que é um efeito, ocorre sem uma causa qualquer. Pois excluindo-se tudo que é entendido sob a denominação de MOTIVO, não resta, de fato, nada que aquela determinação poderia produzir. Por mais

Agora, é preciso que se observe que a coisa se deu com PRIESTLEY precisamente da mesma maneira como se deu com ESPINOSA e com ainda outro muito grande homem, a ser mencionado logo a seguir. Com efeito, PRIESTLEY diz, no prefácio à primeira edição, p.xxvii: *I was not however a ready convert to the doctrine of necessity. Like Dr. Hartley himself, I gave up my liberty with great reluctance, and in a long correspondence, which I once had on the subject, I maintained very strenuously the doctrine of liberty, and did not at all yield to the arguments then proposed to me.*[6]

---

que alguém use as PALAVRAS que bem entender, não se pode ter o CONCEITO de algo que ora seria determinado a algo por motivos, ora sem quaisquer motivos, mais do que o pode o prato de uma balança que ora seria puxado para baixo por pesos, ora, contudo, por um tipo de substância que não tivesse qualquer peso e que, seja lá o que pudesse ser em si mesma, não seria NADA em relação ao prato da balança." – p.66. "Na forma de expressão filosófica adequada, o motivo deveria ser chamado de CAUSA PROPRIAMENTE DITA da ação: pois ele o é tanto quanto qualquer coisa na natureza é a causa de um terceiro." – p.84. "Jamais estará em nosso poder fazer duas escolhas diferentes se todas as circunstâncias precedentes forem exatamente as mesmas." – p.90. "De fato, uma pessoa que se repreende por alguma ação determinada em seu curso de vida passado pode imaginar que, caso ela estivesse de novo na mesma situação, agiria de maneira diferente. Mas isso é mero ENGANO. Se ela se examina rigorosamente e leva em conta todas as circunstâncias, então ela pode se convencer de que, com a mesma disposição interior e precisamente a mesma visão das coisas que ela então possuía, excluindo todas as outras visões obtidas DESDE ENTÃO mediante reflexão, ela não podia agir de maneira diferente daquela como ela agiu." – p.287. "Em poucas palavras, não há, aqui, nenhuma outra escolha além daquela entre a doutrina da necessidade e o absoluto absurdo." (N. A.)

6 "Eu não me converti facilmente à doutrina da necessidade. Como o próprio dr. Hartley, apenas com muita relutância eu abri mão de minha liberdade. Em uma longa correspondência que uma vez man-

O terceiro grande homem com quem aconteceu exatamente o mesmo é VOLTAIRE, que o relata com a amabilidade e ingenuidade que lhe são próprias. Com efeito, em seu *Traité de Métaphysique, chap.7*, ele havia defendido a assim chamada liberdade da vontade minuciosa e intensamente. Mas acontece que em seu livro *Le Philosophe ignorant*, escrito mais de quarenta anos depois, ele professa a estrita necessitação das volições, no 13º capítulo, que ele conclui da seguinte maneira: *Archimède est également nécessité de rester dans sa chambre, quand on l'y enferme, et quand il est si fortement occupé d'un problème, qu'il ne reçoit pas l'idée de sortir: Ducunt volentem fata, nolentem trahunt.* L'ignorant qui pense ainsi n'a pas toujours pensé de même, *mais il est enfin contraint de se rendre.** No livro que se segue a este, *Le Principe d'action*, ele diz, *chap. 13*: *Une boule, qui en pousse une autre, un chien de chasse, qui court nécessairement et volontairement après un cerf, ce cerf, qui franchit un fossé immense avec non moins de nécessité et de volonté: tout cela n'est pas plus invinciblement déterminé que nous le sommes à tout ce que nous fesons.***

---

tive a respeito deste objeto, eu sustentava muito ardorosamente a doutrina da liberdade e de forma alguma cedia às razões que me eram opostas." (N. A.)

* "Há uma necessidade igual quando Arquimedes é obrigado a permanecer em seu quarto porque o trancaram aí, como quando está tão ocupado com um problema que não recebe a ideia de sair. *Ducunt volentem fata, nolentem trahunt.* ["Os fados guiam o dócil, mas arrastam o recalcitrante". Carta CVII de Sêneca] O ignorante que hoje pensa assim não pensou sempre dessa maneira, mas, enfim, foi constrangido a submeter-se" (Voltaire, *O filósofo ignorante*, p.305). (N. T.)

** "Uma bola que empurra outra, um cão de caça que necessária e voluntariamente corre atrás de um cervo, esse cervo, que atravessa um fosso imenso com não menos necessidade e vontade: tudo isso não é mais invencivelmente determinado do que nós o somos a fazer tudo o que fazemos." (N. T.)

Essa equivalente conversão de três cabeças tão extremamente eminentes à nossa compreensão do assunto deve afinal surpreender provavelmente todo aquele que, com o "mas eu posso fazer aquilo que quero" de sua simplória autoconsciência – que em nada diz respeito à questão – pretende contestar verdades bem fundamentadas.

Depois desses seus predecessores mais próximos, não deve nos causar espanto o fato de KANT ter tomado a questão da necessidade com a qual o caráter empírico, por meio dos motivos, é determinado para a ação, como algo já resolvido, tanto em sua obra como na de terceiros, e não ter despendido muito tempo provando-a novamente. Seu *Ideias para uma história universal*,* ele inicia da seguinte maneira: "De um ponto de vista metafísico, qualquer que seja o conceito que se faça da LIBERDADE DA VONTADE, as suas MANIFESTAÇÕES – as ações humanas –, como todo outro acontecimento natural, são determinadas por leis naturais universais".** – Na *Crítica da razão pura* (p.548 da primeira ou p.577 da quinta edição), ele diz:

> Como o caráter empírico tem de ser ele mesmo derivado dos fenômenos como efeito e a partir da regra dos mesmos, que é fornecida pela experiência, então todas as ações humanas no fe-

* Ainda que o texto ao qual Schopenhauer se refere seja Kant, *Ideia de uma história universal do ponto de vista cosmopolita*, vale notar que aqui o filósofo se refere a ele empregando o primeiro substantivo no plural: no lugar de "*Idee zu einer...*", temos "*Ideen zu einer...*". Daí que tenhamos traduzido o título mencionado como "*Ideias para uma história universal*", para, de alguma forma, marcar essa diferente grafia. (N. T.)

** Ibid., p.9 (modificamos os termos destacados para que ficassem em conformidade com a versão do texto citado por Schopenhauer). (N. T.)

> nômeno são determinadas, segundo a ordem da natureza, a partir de seu caráter empírico e das demais causas concomitantes; e, se nós pudéssemos investigar todos os fenômenos de seu arbítrio até o fundamento, não haveria uma única ação humana que não pudéssemos prever com segurança e conhecer como necessária a partir de suas condições precedentes. Em relação a esse caráter empírico, portanto, não há liberdade; e nós podemos considerar o homem apenas a partir dele se apenas o OBSERVAMOS e, tal como ocorre na antropologia, queremos investigar fisiologicamente as causas motrizes de suas ações.*

No mesmo lugar, p.798 da primeira ou p.826 da quinta edição, é dito:

> A vontade pode até ser livre, mas isto só pode estar ligado à causa inteligível de nosso querer. Pois no que diz respeito aos fenômenos de externalização da mesma, i.e., às ações, nós só podemos, de acordo com uma máxima fundamental inquebrantável (sem a qual não poderíamos exercitar a razão no uso empírico), explicá-las como todos os demais fenômenos da natureza, a saber, segundo leis imutáveis desta última.**

Além disso, na *Crítica da razão prática*, p.177 da quarta edição ou p.230 da de Rosenkranz.

---

* *Crítica da razão pura*, Trad. Fernando Costa Mattos, p.438-9 (modificamos ligeiramente o início da passagem para corresponder ao texto citado por Schopenhauer. Na tradução, sem essa modificação, lemos: "Como esse caráter empírico tem de ser ele mesmo, com efeito, derivado dos fenômenos a partir da regra dos mesmos, ..."). (N. T.)

** Ibid., p.581. (N. T.)

> Pode-se, portanto, admitir que, se fosse possível para nós ter um discernimento tão aprofundado sobre a maneira de pensar de um homem, tal como ela se mostra tanto pelas ações internas quanto pelas ações externas, de modo que fosse conhecido por nós cada móbil para a ação, mesmo o menor, bem como todas as conjunturas externas que têm efeito sobre essa ação, poderíamos calcular a conduta futura de um homem com a mesma certeza que um eclipse lunar ou solar.*

Mas a esse ponto ele vincula sua doutrina da coexistência de liberdade e necessidade, em virtude da diferenciação do caráter inteligível em relação ao empírico, visão à qual eu retornarei mais adiante, posto que comungo completamente dela. KANT a expôs duas vezes, a saber, na *Crítica da razão pura*, p.532-54 da primeira edição ou p.560-82 da quinta; mas mais claramente ainda na *Crítica da razão prática*, p.169-79 da quarta edição ou p.224-31 da de Rosenkranz. Essas passagens, pensadas de maneira extremamente profunda, têm de ser lidas por todo aquele que queira obter um conhecimento bem fundamentado a respeito da conciliação da liberdade humana com a necessidade das ações. –

Dos feitos de todos esses nobres e veneráveis predecessores, o presente tratamento do tema se diferencia, até aqui, em dois pontos principais: em primeiro lugar, pelo fato de eu, seguindo a instrução da questão do concurso, ter separado rigorosamente a percepção interna da vontade, na autoconsciência, da externa, e ter considerado cada uma delas individualmente, por meio do que o descobrimento da fonte do engano que atua tão

* Id., *Crítica da razão prática*, p.132-3. (N. T.)

irresistivelmente sobre a maioria das pessoas se tornou possível pela primeira vez; em segundo lugar, pelo fato de eu ter considerado a vontade em conexão com todo o conjunto da natureza, o que ninguém antes de mim havia feito, e por meio do que o tema, pela primeira vez, pôde ser tratado com aquela profundidade, visão metódica e completude que lhe cabem.

Agora, ainda algumas palavras a respeito de alguns escritores que escreveram depois de KANT, mas que eu, contudo, não considero meus predecessores.

Da doutrina de KANT a respeito do caráter inteligível e do caráter empírico, acima louvada e extremamente importante, SCHELLING forneceu uma esclarecedora paráfrase em sua *Investigação a respeito da liberdade humana*, p.465-71. Mediante a vivacidade de sua coloração, a alguns essa paráfrase pode servir para tornar o assunto mais palpável do que a profunda, mas árida exposição kantiana é capaz de fazer. Entrementes, não posso mencionar esse escrito sem, em nome da honra da verdade e de KANT, repreender o fato de que SCHELLING, aqui, quando expõe uma das mais importantes e admiráveis e até mesmo, na minha opinião, a mais profunda de todas as doutrinas kantianas, não enuncia claramente que aquilo que ele no momento apresenta pertence, quanto a seu conteúdo, A KANT. Antes, ele se expressa de tal maneira que a maioria dos leitores, que não tem em mente de maneira precisa o conteúdo da extensa e difícil obra daquele grande homem, tem de julgar estar lendo pensamentos próprios de SCHELLING. Por meio de apenas UMA evidência entre muitas, quero mostrar o quanto, aqui, o resultado correspondeu à intenção. Ainda hoje em dia, um jovem professor de filosofia em Halle, o sr. Erdmann, diz, na p.101 de seu livro de 1837, intitulado *Leib und Seele* [Corpo e alma]: "se também Leibniz, de maneira semelhante à de Schelling em sua dissertação sobre a liberdade, diz que a alma é determinada antes de qualquer tempo" etc. SCHELLING, portanto, se encontra aqui em relação a KANT na mesma feliz situação de AMÉRICO em relação a COLOMBO: é com seu nome que fica marcada a descoberta alheia. Mas ele tem de agradecer por isso a sua esperteza, não ao acaso. Pois ele começa assim, na p.465: "De maneira geral, só o IDEALISMO elevou a doutrina da liberdade àquele domínio" etc., e então se seguem imediatamente os pensamentos kantianos. Assim, aqui, em vez de, em conformidade com a honestidade, dizer KANT, ele espertamente diz O IDEALISMO: contudo, sob essa expressão equívoca, qualquer um irá entender a filosofia de FICHTE e a primeira filosofia de SCHELLING, que é fichteana, não a doutrina de KANT, visto que este protestou contra a designação de IDEALISMO para sua filosofia (ver, por exemplo, *Prolegomena*, p.51 e p.155 da edição de Rosenkranz) e até mesmo tinha inserido uma "Refutação do idealismo" em sua segunda edição da *Crítica da razão pura*, p.274. Na página seguinte, então, SCHELLING muito espertamente menciona, de passagem, o "conceito kantiano", precisamente para aquietar aqueles que já sabem que é patrimônio kantiano aquilo que aqui se expõe com tanta pompa como se fosse mercadoria de sua propriedade. Mas então ainda é dito na p.472, a despeito de toda verdade e justiça, que KANT NÃO teria se elevado àquela compreensão na teoria etc.; ao passo que, a partir das duas passagens imortais de KANT cuja leitura eu recomendei, qualquer um pode ver com clareza que precisamente essa compreensão pertence originalmente apenas a ele, compreensão que, sem ele, milhares de cabeças semelhantes aos senhores FICHTE e SCHELLING jamais teriam sido capazes de apreender. Posto que aqui eu tinha de falar do ensaio de SCHELLING, não podia silenciar a respeito desse ponto, mas apenas cumpri meu dever para com aquele grande mestre da humanidade, o qual, sozinho ao lado de GOETHE, é o orgulho justificado da nação alemã, ao reivindicar a ele algo que irrefutavelmente lhe pertence – ainda mais em um tempo para o qual valem muito propriamente as palavras de GOETHE: "a juventude é dona do caminho". – Ademais, no mesmo ensaio, SCHELLING não fez cerimônia alguma para se apropriar dos pensamentos e até mesmo das palavras de JAKOB BÖHME, sem revelar sua fonte.

Além dessa paráfrase de pensamentos kantianos, aquelas *Investigações sobre a liberdade* não contêm nada que pudesse servir para nos proporcionar novos ou bem fundados esclarecimentos sobre a mesma. Isso já se anuncia logo no começo por meio da definição: a liberdade seria "uma faculdade do bem e do mal". Para o catecismo, uma definição como essa talvez seja apropriada. Na filosofia, no entanto, nada se diz com ela e, consequentemente, ela não serve para nada. Pois bem e mal estão longe de ser conceitos simples (*notiones simplices*) que, sendo claros em si mesmos, não precisariam de qualquer explicação, estabelecimento ou fundamentação. De maneira geral, apenas uma pequena porção daquele ensaio trata da liberdade: seu conteúdo principal é, antes, um minucioso relato a respeito de um deus com o qual o senhor autor revela possuir uma íntima familiaridade, posto que ele nos descreve até mesmo seu surgimento. É apenas de se lamentar que ele não mencione nada a respeito de como afinal teria alcançado essa familiaridade. O começo do ensaio é composto por um emaranhado de sofismas, cuja falta de profundidade será reconhecida por todo aquele que não se deixar intimidar pela petulância do tom.

Desde então, e como consequência desse e de semelhantes produtos, "intuição intelectual" e "pensamento absoluto", na filosofia alemã, tomaram o lugar de conceitos claros e da investigação honesta: querer impressionar, causar perplexidade, mistificar, ludibriar o leitor mediante os mais variados truques – tudo isso se tornou o método e, por toda parte, em vez de certa compreensão, é a intenção que guia a exposição. Por meio de tudo isso, então, a filosofia, caso ainda se queira chamá-la assim, teve de se afundar cada vez mais e a cada vez mais profundamente, até que, por fim, atingisse o nível mais profundo de rebaixamento na criatura ministerial HEGEL. Este, para novamente sufocar a liberdade de pensamento alcançada por KANT, transformou a filosofia, a filha da razão e futura mãe da verdade, em instrumento dos fins estatais, do obscurantismo e de um jesuitismo protestante. Mas para disfarçar a ignomínia e simultaneamente produzir a maior imbecilização possível das cabeças, ele jogou por sobre isso o manto do mais oco palavrório e do mais sem sentido galimatias que jamais foi ouvido, ao menos fora do hospício.

Na Inglaterra e na França, a filosofia, tomada como um todo, se encontra quase ainda no mesmo lugar onde LOCKE e CONDILLAC a deixaram. MAINE DE BYRAN, chamado por seu editor, senhor COUSIN, de *le premier métaphysisien Français de mon tems*,* é, em suas *Nouvelles considerátions du physique et moral*,** publicadas em 1834, um fanático adepto do *liberi arbitrii indifferentiae*,

---

* "O primeiro metafísico francês de meu tempo." (N. T.).

** Título completo: *Nouvelles considerátions sur les rapports du physique et du moral de l'homme* (Novas considerações acerca das relações entre o físico e o moral do homem). (N. T.)

e o toma por algo completamente compreensível a partir de si mesmo. Não fazem diferente disso alguns dos recentes escrevinhadores filosóficos alemães: o *liberum arbitrium indifferentiae*, sob o nome de "liberdade moral", aparece em suas obras como assunto já resolvido, precisamente como se os grandes homens supracitados jamais tivessem existido. Eles explicam a liberdade da vontade como algo dado imediatamente na autoconsciência e, por meio disso, tão inabalavelmente estabelecido, que todos os argumentos contra esse ponto não podem ser nada senão sofismas. Essa sublime confiança surge meramente do fato de que as boas pessoas simplesmente não sabem o que a liberdade da vontade é ou significa; antes, em sua inocência, não entendem por isso nada senão o domínio da vontade sobre os membros do corpo, analisada em nossa segunda seção – do qual, em todo caso, nunca uma pessoa razoável duvidou, e cuja expressão é precisamente aquele "eu posso fazer aquilo que quero". Isso, pensam eles com toda a sinceridade, seria a liberdade da vontade, e insistem no fato de a terem colocado acima de qualquer dúvida. É precisamente o estado de inocência ao qual a filosofia hegeliana, depois de tantos predecessores grandiosos, fez regredir o espírito pensante alemão. Pessoas dessa categoria certamente poderiam ser assim interpeladas:

Seid ihr nicht wie die Weiber, die beständig
Zurück nur kommen auf ihr erstes Wort,
*Wenn man Vernunft gesprochen stundenlang?**

* "Não sois como as mulheres, que constantemente/ retornam a sua primeira posição/ depois de se argumentar com elas durante horas?" (Schiller, *Wallensteins Tod*, II, 3.). (N. T.)

Contudo, no caso de alguns entre eles, os motivos teológicos anteriormente indicados podem ser secretamente efetivos.

E então, por sua vez, os escritores das áreas de medicina, zoologia, história, política e os beletristas de nossos dias – como eles adoram aproveitar cada oportunidade de mencionar a "liberdade do ser humano" e a "liberdade moral"! Com isso, acreditam ser algo de importante. A uma explicação das mesmas é claro que eles não se arriscam. Mas, caso fosse permitido examiná-las, encontrar-se-ia que, com elas, eles ou não pensam absolutamente nada, ou pensam o nosso velho, conveniente e bem conhecido ***liberum arbitrium indifferentiae***, em tantas elegantes formas de expressão quantas sejam aquelas com as quais eles queiram trajá-lo; um conceito, portanto, de cuja inadmissibilidade provavelmente nunca se chegará a convencer o povo, mas a respeito do qual os eruditos, contudo, deveriam evitar falar com tanta inocência. Precisamente por isso há também alguns sem muita coragem entre eles que são muito divertidos, ao não mais se atreverem a falar da liberdade da VONTADE, mas que, para fazer boa figura, falam "liberdade do ESPÍRITO" em seu lugar e, com isso, esperam passar despercebidos. O que eles pensam com isso eu felizmente sei informar ao leitor que se dirige a mim com olhar interrogativo: nada, puro e simples nada – precisamente para que seja, de acordo com a boa prática alemã, uma expressão indeterminada e até mesmo vazia, que garante a sua vacuidade e covardia o distanciamento desejado para propiciar a fuga. A palavra "espírito", propriamente uma expressão metafórica, designa por toda parte as capacidades INTELECTUAIS, em oposição à vontade. Mas essas, em sua atuação, não devem de maneira alguma ser livres, mas, antes, se adequar, obedecer e se submeter, em primeiro lugar, às regras da lógica e, então, ao contínuo OBJETO de seu conhecer, para que elas apreendam de maneira pura, isto é, OBJETIVA, e para que nunca se diga *stat pro ratione voluntas.** Em geral, esse "espírito", que perambula por toda parte na atual literatura alemã, é um tipo completamente suspeito, a quem, portanto, em qualquer lugar em que ele se encontre, se deve perguntar por seu passaporte. Servir de máscara à covardia vinculada à pobreza de pensamento é sua mais frequente ocupação. Ademais, é sabido que a palavra ESPÍRITO, *GEIST*, é aparentada com a palavra GÁS, a qual, originando-se na língua árabe e na alquimia, significa vapor ou ar, precisamente como também é o caso com *spiritus*, πνευμα, *animus*, aparentado de ἀνεμως.

É da maneira indicada que se encontram as coisas no que diz respeito ao nosso tema, no mundo filosófico e no mundo culto em sentido mais amplo, mesmo depois de tudo aquilo que os citados grandes espíritos ensinaram a seu respeito. Com o que se constata mais uma vez que não apenas a natureza, em todas as épocas, produziu extremamente poucos verdadeiros pensadores, como raras exceções, mas também que mesmo esses poucos também sempre existiram para muito poucos. Precisamente por isso, delírio e erro sustentam seu domínio de maneira duradoura. –

Quando se trata de um tema moral, também o testemunho de grandes poetas é relevante. Eles não falam em conformidade com uma investigação sistemática, mas a natureza humana se abre a seu olhar profundo: daí que seus enunciados encontrem de maneira imediata a verdade. – Em SHAKESPEARE, *Measure for Measure, A.2, C.2,* Isabella pede ao regente interino por piedade para com seu irmão, condenado à morte:

---

* "No lugar de razões, a [minha] vontade" (em Juvenal, *Sátiras*, VI, 223: "*sit pro ratione voluntas*"). (N. T.)

ANGELO. *I will not do it.*

ISAB. *But can you if you would?*

ANG. *Look, what I* will *not, that I* cannot *do.*[7]

Em *Twelfth night, A.1*, é dito:

> *Fate show thy force, ourselves we do not owe,*
> *What is decree'd must be, and be this so.*[8]

Também WALTER SCOTT, esse grande conhecedor e pintor do coração humano e de seus mais secretos movimentos internos, trouxe à luz de maneira clara aquela profunda verdade, em seu *St. Ronan's Well*, v.3, cap.6. Ele apresenta uma pecadora arrependida e prestes a morrer que, no leito de morte, procura aliviar sua consciência atormentada por meio de confissões e, entre estas, ele a faz dizer:

> *Go, and leave me to my fate; I am the most detestable wretch, that ever liv'd, – detestable to myself, worst of all; because even in my penitence there is a secret whisper that tells me, that were I as I have been, I would again act over all the wickedness I have done, and much worse. Oh! for Heavens assistance, to crush the wicked thought!*[9]

---

7 "Angelo. Eu não quero fazer isso./ Isab. Mas você poderia, se quisesse?/.Ang. Veja, o que eu não QUERO, eu não POSSO." (N. A.)

8 "Agora, destino, podes mostrar seu poder,/ Aquilo que deve ser, tem de acontecer, e ninguém é dono de si." (N. A.)

9 "Vá e me abandone ao meu destino. Eu sou a criatura mais miserável e abjeta que já viveu – a mais abjeta para mim mesma. Pois em meio a meu arrependimento, algo sussurra secretamente para mim que, caso eu fosse novamente como eu fui, cometeria novamente todas as maldades que cometi, e até mesmo coisas ainda piores. Oh, peço ajuda dos céus para sufocar esses pensamentos indignos." (N. A.)

Um testemunho DESSA exposição poética é fornecido pelo seguinte fato paralelo a ela, que, ao mesmo tempo, confirma da maneira mais intensa a doutrina da constância do caráter. Em 1845, ele passou do jornal francês *La Presse* ao *Times* de 2 de julho de 1845, a partir de onde eu o traduzo. No título, lemos: execução militar em Oran.

> A 24 de março, o espanhol Aguilar, *alias* Gomes, foi condenado à morte. No dia anterior à execução, ele disse, em conversa com seu carcereiro: eu não sou tão culpado como me descreveram. Sou acusado de ter cometido 30 homicídios, ao passo que só cometi 26. Desde a infância eu tive sede de sangue. Quanto eu tinha 7 anos e meio, esfaqueei uma criança. Assassinei uma mulher grávida e, mais tarde, um oficial espanhol, como consequência do que me vi forçado a fugir da Espanha. Me refugiei na França, onde cometi dois delitos antes de me juntar à Legião Estrangeira. De todos meus delitos, aquele do qual mais me arrependo é o seguinte: no ano de 1841, à frente de minha companhia, capturei um deputado comissário geral, que era escoltado por um sargento, um cabo e 7 homens: eu fiz com que todos eles fossem decapitados. A morte dessas pessoas é um pesado fardo sobre mim. Eu os vejo em meus sonhos, e amanhã os enxergarei nos soldados designados para atirar em mim. NO ENTANTO, SE EU RECUPERASSE MINHA LIBERDADE, EU ASSASSINARIA AINDA OUTRAS PESSOAS.

Também a seguinte passagem da Ifigênia (A.4, C.2), de Goethe, tem seu lugar aqui:

> ARKAS. Pois é evidente que tu não tomaste
> em consideração meu leal conselho.

IFIGÊNIA. Fiz de bom grado quanto era possível.
ARKAS. Podes mudar de parecer em tempo.
IFIGÊNIA. NÃO DEPENDE DE NÓS FAZERMOS ISSO.*

Também uma famosa passagem do *Wallenstein* de Schiller enuncia nossa verdade fundamental:

Des Menschen Thaten und Gedanken, wißt!
Sind nicht wie Meeres blind bewegte Wellen.
Die inn're Welt, sein Mikrokosmus, ist
Der tiefe Schacht, aus dem sie ewig quellen.
Sie sind NOTHWENDIG, *wie des Baumes Frucht,*
Sie kann der Zufall gaukelnd nicht verwandeln.
Hab' ich des Menschen Kern erst untersucht,
So weiß ich auch sein Wollen und sein Handeln."**

* Goethe, *Ifigênia em Táuride*, p.85 (destaque de Schopenhauer). (N. T.)

** "Sabei! Os atos e pensamentos do ser humano/ Não são como ondas do mar movidas cegamente./ O mundo interior, seu microcosmo, é/ O poço profundo onde eles eternamente se originam./ Eles são necessários como o fruto da árvore,/ O acaso não pode, fazendo truques, modificá-los./ Eu já investiguei o íntimo do ser humano,/ Por isso conheço também seu querer e seu agir." (N. T.)

V
Conclusão e ponto de vista elevado

Com prazer eu evoquei aqui a lembrança de todos aqueles gloriosos predecessores, tanto poéticos quanto filosóficos, em relação à verdade por mim defendida. Entrementes, a arma do filósofo não são autoridades, mas sim argumentos; daí que eu tenha conduzido meu assunto apenas com estes e espere, assim, ter lhe fornecido uma tal clareza que faz que agora eu esteja autorizado a extrair a consequência *a non posse ad non esse.** Por meio do que a resposta negativa para a questão apresentada pela Sociedade Real, fundamentada anteriormente, na investigação da autoconsciência, de maneira direta e fatual e, consequentemente, *a posteriori*, está agora também fundamentada de maneira indireta e *a priori*, na medida em que daquilo que não existe de forma alguma não se pode ter dados, na autoconsciência, a partir dos quais ele se deixaria demonstrar.

Ainda que a verdade aqui defendida pertença àquelas que podem ser contrárias às opiniões preconcebidas da multidão

* "Da impossibilidade à não realidade" (Do fato de que algo é impossível, pode-se concluir que não é real). (N. T.)

míope e até mesmo ofensivas àquele que é débil e ignorante, isso não pôde me impedir de expô-la sem rodeios e sem reservas; visto que eu, aqui, não me dirijo ao povo, mas a uma academia ilustrada, que não apresentou sua questão, muito apropriada ao tempo, tendo em vista a consolidação de juízos preconcebidos, mas a honra da verdade. – Ademais, o honesto investigador da verdade, enquanto ainda se tratar de constatar e atestar uma verdade, terá sempre em vista apenas seus fundamentos, e não suas consequências, para o que haverá tempo quando ela estiver estabelecida. Examinar somente os fundamentos, indiferente quanto às consequências, e nem sequer perguntar se uma verdade conhecida estaria de acordo ou não também com o sistema de nossas demais convicções – isso é o que já KANT recomenda, cujas palavras não posso deixar de repetir aqui:

> isso fortalece a máxima já conhecida e louvada por outros, a saber, a de prosseguir tranquilamente seu caminho em cada investigação científica, com toda a exatidão e franqueza possíveis, sem se importar com algo fora de seu campo, contra o qual possa se chocar, mas executá-la unicamente por si mesma, verdadeira e completamente tanto quanto possível. A observação frequente me convenceu de que, quando se trouxe até o fim essa empresa, aquilo que me parecia, na metade desta, muito duvidoso em comparação com outras doutrinas alheias, no final, depois de eu ter mantido essa dúvida longe dos olhos e de ter voltado minha atenção apenas à minha empresa até que estivesse pronta, acabou por entrar em consonância perfeita e inesperada, com aquilo que foi encontrado por si mesmo, sem a mínima consideração daquelas doutrinas, sem parcialidade nem predileção por elas. Os escritores evitariam

muitos equívocos e muito empenho desperdiçado (porque foi dirigido a embustes) se pudessem apenas decidir pôr mãos à obra com um pouco mais de franqueza. (*Crítica da razão prática*, p.190 da quarta edição ou p.239 da de Rosenkranz.)*

Mas nossos conhecimentos metafísicos em geral ainda estão muitíssimo distantes de possuir uma tal certeza a ponto de alguma verdade profundamente comprovada ter de ser descartada pelo fato de suas consequências não se adequarem àqueles. Antes, toda verdade alcançada e estabelecida é uma parte conquistada da região dos problemas do saber em geral e um ponto fixo em que se pode apoiar a alavanca que moverá outras cargas, e até mesmo um ponto a partir do qual, em casos favoráveis, é possível de uma só vez saltar a um ponto de vista da totalidade, mais elevado do que aquele que se tinha até então. Pois o encadeamento das verdades é em todo campo do saber tão grande que aquele que tiver alcançado a posse completamente segura de uma única delas pode eventualmente ter a esperança de, a partir dali, conquistar a totalidade. Assim como em um difícil problema de álgebra uma única grandeza dada de maneira segura é de inestimável valor por tornar possível a solução, também é, no mais difícil de todos os problemas humanos, que é a metafísica, o conhecimento seguro, comprovado *a priori* e *a posteriori*, da estrita necessidade com a qual, a partir de um dado caráter e de motivos dados, os atos se seguem, um semelhante dado inestimável, a partir do qual, e ainda que ape-

* Na tradução de Hulshof, p.141 (a passagem foi muito superficialmente alterada em suas primeiras palavras, com o intuito de corresponder à versão do texto alemão citado por Schopenhauer). (N. T.)

nas dele, pode se chegar à solução do problema como um todo. É por isso que tudo que não possui uma confirmação firme e científica a exibir tem de abrir passagem a uma semelhante verdade bem fundamentada quando se encontra no caminho desta, mas esta não tem de fazer o mesmo em relação àquilo. E de modo algum ela deve consentir com acomodações e limitações para entrar em acordo com asserções não provadas e talvez incorretas.

Que me seja permitida aqui ainda uma observação geral. Um olhar retrospectivo lançado ao nosso resultado dá ensejo à consideração de que, em relação aos dois problemas, que já na seção anterior foram designados como os mais profundos da filosofia dos modernos, ao passo que não eram claramente conhecidos pelos antigos – a saber, o problema da liberdade da vontade e o da relação entre o que é ideal e o que é real –, o entendimento são, mas não treinado, não é apenas incompetente, mas possui até mesmo uma firme tendência natural ao erro, da qual, para recuperá-lo, precisa-se de uma filosofia já bastante desenvolvida. É-lhe de fato realmente natural, em vista do CONHECER, atribuir peso demais ao OBJETO. Daí que LOCKE e KANT tenham sido necessários para se mostrar quanto disso surge do SUJEITO. Por outro lado, em vista do QUERER, aquele entendimento tem, inversamente, a tendência de conferir demasiado pouco peso ao OBJETO e peso demais ao SUJEITO, ao fazer que o querer parta completa e absolutamente DESTE, sem levar em conta de maneira adequada o fator situado no OBJETO, os motivos, que, dizendo propriamente, determinam toda a constituição individual das ações, ao passo que apenas aquilo que lhes é geral e essencial, a saber, seu caráter moral fundamental, parte do SUJEITO. Uma semelhante e, para o entendimento, natural inversão em investigações especulativas não deve nos surpreender, visto que ele é originalmente determinado apenas para fins práticos e de forma alguma para fins especulativos. –

Ora, se nós, como consequência do que foi exposto até então, suspendemos por completo toda liberdade do agir humano e o reconhecemos como completamente submetido à mais estrita necessidade, então somos precisamente por meio disso levados ao ponto no qual poderemos compreender A VERDADEIRA LIBERDADE MORAL, que é de um tipo mais elevado.

Com efeito, existe ainda um fato da consciência que eu, até aqui, para não perturbar o curso da investigação, ignorei por completo. Ele é o sentimento completamente claro da RESPONSABILIDADE por aquilo que fazemos, da IMPUTABILIDADE por nossas ações, que repousa na imperturbável certeza de que nós somos OS AGENTES DE NOSSOS ATOS. Em virtude dessa consciência, não ocorre a ninguém, nem mesmo àquele que está completamente convencido da necessidade com a qual nossas ações acontecem, apresentada na exposição até aqui, desculpar--se por um delito referindo-se a essa necessidade, e deslocar a culpa de si para os motivos, visto que, com a entrada em cena destes, o ato era inevitável. Pois ele compreende muito bem que essa necessidade possui uma condição SUBJETIVA, e que aqui, *objective*, isto é, com as circunstâncias existentes, portanto, sob o efeito dos motivos que o determinaram, uma ação completamente diferente, até mesmo diametralmente oposta à sua, era, afinal, possível e poderia ter acontecido, CASO ELE SIMPLESMENTE TIVESSE SIDO OUTRA PESSOA: é só disso que dependia. A ELE, porque ele é esta pessoa e não outra, porque ele possui este determinado caráter, certamente nenhuma outra ação era possível. Mas em si mesmo, portanto *objective*, ela era possível. A RESPONSABILIDADE, da qual ele tem consciência, alcança, assim, em primeiro lugar e aparentemente apenas o ato; no fundo, contudo, também SEU CARÁTER: por ESTE ele se sente responsável. E por ESTE também terceiros o responsabilizam, na medida em que seu juízo imediatamente deixa de lado o ato para constatar as características do agente: "ele é uma pessoa má, um criminoso" – ou "ele é um gatuno" – ou "ele é uma alma pequena, falsa, baixa" – assim soa o juízo deles, e a seu CARÁTER remontam suas acusações. Nesse caso, o ato, junto aos motivos, entra em consideração meramente como testemunho do caráter do agente, mas é válido como um sintoma seguro do mesmo, por meio do que ele está irrevogavelmente e para sempre constatado. Assim, de maneira extremamente correta diz Aristóteles: Ἐγκωμιάζομεν πράξαντας· τὰ δ'ἔργα σημεῖα τῆς ἕξεώς ἐστι, ἐπεὶ ἐπαινοῖμεν ἂν καὶ μὴ πεπραγότα, εἰ πιστεύοιμεν εἶναι τοιοῦτον. – *Rhetorica*, I, 9. (*Encomio celebramus eos, qui egerunt: opera autem signa habitus sunt; quoniam laudaremus etiam qui non egisset, si crederemus esse talem.*)* Assim, não é ao ato, passageiro, mas às propriedades permanentes do agente, isto é, do caráter do qual eles procederam, que se dirige o ódio, a repulsa e o desprezo. É por isso que, em todos os idiomas, os epítetos de maldade moral e os insultos que os designam são, antes, predicados da PESSOA, e não das ações. Eles são vinculados ao CARÁTER, pois este tem de carregar a culpa, pela qual ele foi condenado meramente por ocasião das ações.

---

* "Elogiamos aqueles que executaram um ato. Atos, contudo, são sinais do caráter; então nós também elogiaríamos alguém que não executou o ato, contanto que acreditássemos que dele fosse capaz" (1367b 31). (N. T.)

Lá onde se encontra CULPA tem de se encontrar também a RESPONSABILIDADE. E, visto que esta é o único dado que autoriza que se conclua pela liberdade moral, então também a LIBERDADE tem de se situar no mesmo lugar, portanto no CARÁTER do ser humano. Tanto mais que nós já há muito nos convencemos de que ela não pode ser encontrada nas ações isoladas, que, sob pressuposição do caráter, ocorrem de maneira estritamente necessária. O caráter, contudo, como foi mostrado na terceira seção, é inato e imutável.

É a liberdade nesse sentido, no único para o qual há dados disponíveis, portanto, que queremos agora examinar de maneira ainda um pouco mais detalhada, para, depois de termos concluído por ela a partir de um fato da consciência e de termos encontrado o lugar em que ela se situa, compreendê-la, tanto quanto for possível, também filosoficamente.

Na terceira seção, tínhamos chegado ao resultado de que toda ação de um ser humano seria o produto de dois fatores: de seu caráter junto ao motivo. Isso não significa de forma alguma que ela seria um termo médio, um meio termo, por assim dizer, entre o motivo e o caráter; antes, ela satisfaz completamente a ambos, ao, conforme sua possibilidade como um todo, repousar simultaneamente sobre ambos, a saber, sobre o fato de que o motivo atuante se depararia com esse caráter e de que esse caráter seria determinável por semelhante motivo. O caráter é a constituição empiricamente conhecida, permanente e imutável de uma vontade individual. Ora, visto que esse caráter é um fator igualmente necessário de toda ação, assim como o motivo, explica-se por meio disso o sentimento de que nossos atos partem de nós mesmos, ou aquele "EU QUERO" que acompanha todas nossas ações e em virtude do qual toda pessoa tem de os reconhecer como SEUS atos, pelos quais, então, ela se sente moralmente responsável. Esse sentimento, por sua vez, é aquele "eu quero, e quero sempre apenas o que quero" encontrado anteriormente, quando da investigação da autoconsciência – o qual induz o entendimento não sofisticado ao erro de defender obstinadamente uma liberdade absoluta da conduta, um *liberum arbitrium indifferentiae*. Mas acontece que ele não é nada além da consciência do segundo fator da ação que, por si só, seria completamente incapaz de produzi-la e, por outro lado, quando da entrada em cena do motivo, é igualmente incapaz de não executá-la. Mas só ao ser posto dessa maneira em atividade é que ele manifesta sua própria constituição à faculdade de conhecimento, que, sendo essencialmente dirigida para fora, não para dentro, passa a conhecer até mesmo a constituição de sua própria vontade somente empiricamente, a partir de suas ações. Essa tomada de conhecimento mais detalhada e que se torna a cada vez mais íntima é aquilo a que propriamente se chama de CONSCIÊNCIA MORAL que, precisamente também por isso, se faz notar, de MANEIRA DIRETA, apenas DEPOIS da ação; ANTES DA AÇÃO, no máximo apenas DE MANEIRA INDIRETA, na medida em que ela é levada em conta, no caso de ponderação – por meio da reflexão e de olhar retrospectivo dirigido a casos semelhantes sobre os quais essa consciência já tenha se posicionado –, como algo que se manifestará futuramente.

Aqui é o lugar de lembrar da exposição, já mencionada na seção anterior, que KANT oferece a respeito da relação entre caráter inteligível e caráter empírico e, por meio disso, a respeito da compatibilidade entre liberdade e necessidade, exposição que pertence ao que há de mais belo e de pensado com maior profundidade dentre as coisas que esse grande espírito, ou até mesmo a humanidade, jamais produziu. Basta que eu apenas faça referência a ela, visto que eu me estenderia superfluamente ao repeti-la aqui. Apenas a partir dela é possível compreender, tanto quanto forças humanas são capazes, de que maneira a estrita necessidade de nossas ações coexiste afinal com aquela liberdade a respeito da qual o sentimento de responsabilidade dá testemunho, e em virtude da qual somos os agentes de nossos atos e estes nos devem ser moralmente imputados. – Aquela relação, exposta por KANT, entre caráter empírico e inteligível repousa completamente sobre aquilo que constitui o traço fundamental de sua filosofia tomada como um todo, a saber, sobre a distinção entre aparência e coisa em si: e assim como, para ele, a perfeita REALIDADE EMPÍRICA do mundo da experiência coexiste com sua IDEALIDADE TRANSCENDENTAL, da mesma maneira a estrita NECESSIDADE EMPÍRICA do agir coexiste com sua LIBERDADE TRANSCENDENTAL. Com efeito, o caráter empírico é, assim como o ser humano como um todo, enquanto objeto da experiência, uma mera aparência e, assim, vinculado às formas de toda aparência, tempo, espaço e causalidade, e submetido a suas leis. Por outro lado, a condição – como coisa em si, independente dessas formas e, por isso, não submetida a nenhuma diferença temporal e, portanto, permanente e imutável – e base de toda essa aparência é seu CARÁTER INTELIGÍVEL, isto é, sua vontade como coisa em si, à qual, nessa qualidade, certamente se atribui liberdade absoluta, isto é, independência da lei de causalidade (como mera forma das aparências). Mas essa é uma liberdade TRANSCENDENTAL, isto é, que não se manifesta na aparência, mas existe somente na medida em que abstraímos da aparência e de todas suas formas, para alcançar aquilo que, fora de todo tempo, deve ser pensado como a essência íntima do ser humano em si mesmo. Em virtude dessa liberdade, todos os atos do ser humano são sua própria obra, por mais que elas ocorram necessariamente a partir do caráter empírico em seu confronto com os motivos, porque esse caráter empírico é somente a aparição do inteligível em nossa FACULDADE DE CONHECIMENTO presa a tempo, espaço e causalidade, isto é, ele é a maneira como a essência em si de nosso próprio eu se apresenta àquela. Por conseguinte, a VONTADE é, sim, livre, mas apenas em si mesma e fora da aparência; nessa, por outro lado, ela já se apresenta com um determinado caráter, com o qual todos seus atos tem de estar em conformidade e, portanto, quando determinados mais precisamente mediante os motivos que se apresentam, têm de suceder de uma maneira e não de outra.

Esse caminho, como se vê facilmente, conduz à compreensão de que nós não temos mais de procurar o produto de nossa LIBERDADE em nossas ações isoladas, como o faz a visão comum, mas sim no ser e essência (*existentia et essentia*) como um todo do próprio ser humano, os quais têm de ser pensados como seu ato livre, que apenas para a faculdade de conhecimento vinculada a tempo, espaço e causalidade se apresenta em uma multiplicidade e em uma variedade de ações, as quais, todas, precisamente por causa da unidade original daquilo que nelas se apresenta, têm de manifestar exatamente o mesmo caráter e, portanto, aparecer como estritamente necessitadas pelos respectivos motivos pelos quais elas são provocadas e individualmente determinadas. Por conseguinte, vale para o mundo da experiência, sem exceção, o *Operari sequitur esse*. Toda coisa atua em conformidade com sua constituição, e sua atuação, que se segue a causas, manifesta essa constituição. Toda pessoa age segundo aquilo que ela é, e a ação que, em conformidade com isso, é todas as vezes necessária, é determinada, no caso individual, somente pelos motivos. Portanto, a LIBERDADE, que não pode ser encontrada no *Operari*, TEM DE SE SITUAR no *Esse*. Foi um erro básico, um ὕστερον προτερον* de todas as épocas, atribuir a necessidade ao *Esse* e a liberdade ao *Operari*. Inversamente, é APENAS NO *Esse* QUE SE SITUA A LIBERDADE; mas a partir dele e dos motivos se segue o *Operari* com necessidade. E NAQUILO QUE FAZEMOS RECONHECEMOS AQUILO QUE SOMOS. É nisso, e não no pretenso *libero arbitrio indifferentiae*, que repousa a consciência da responsabilidade e a tendência moral da vida. Tudo depende daquilo que uma pessoa É: aquilo que ela FAZ resultará daí por si só, como um corolário necessário. Portanto, a consciência de autonomia e originalidade que inegavelmente acompanha todos nossos atos – apesar da dependência destes em relação aos motivos –, em virtude da qual eles são NOSSOS atos, não engana: mas seu verdadeiro conteúdo se estende para além dos atos e começa mais acima, na medida em que nossos próprios ser e essência, dos quais partem todos os atos (por ocasião dos motivos), já estão, na verdade, compreendidos nela. Nesse sentido, pode-se comparar aquela consciência de autonomia e originalidade, assim como a da responsabilidade que acompanha nosso agir, com um ponteiro que indica a posição de um objeto mais distante do que aquele que se situa na mesma direção, mas mais próximo, para o qual ele parece apontar.

Em uma palavra: o ser humano faz o tempo todo apenas aquilo que quer, e o faz, contudo, necessariamente. Mas isso se deve ao fato de que ele já É aquilo que ele quer: pois, a partir daquilo que ele É, segue-se necessariamente tudo aquilo que

* Inversão entre consequente e antecedente. (N.T.)

ele a cada momento faz. Caso se considere seu agir *objective*, portanto, de fora, então se reconhece de maneira apodítica que ele, assim como a forma de atuação de todo ser natural, tem de estar submetido à lei causal em toda sua rigidez; *subjective*, por outro lado, toda pessoa sente que ela sempre faz apenas aquilo que QUER. Mas isso significa apenas que sua forma de atuação é a pura manifestação da essência que lhe é própria. Assim, o mesmo seria sentido por todo ser natural, mesmo pelo mais inferior de todos, se ele fosse capaz de sentir.

A LIBERDADE, portanto, não fica suspensa por meio de minha exposição, mas é apenas deslocada para fora, a saber, da região das ações isoladas, onde ela, como se pode provar, não pode ser encontrada, para uma região mais elevada, mas não tão facilmente acessível a nosso conhecimento. Isto é, ela é transcendental. E é esse afinal o sentido no qual eu gostaria que aquele dito de Malebranche, *la liberté est un mystère*, fosse entendido, sob cuja égide o presente ensaio tentou solucionar o problema apresentado pela Sociedade Real.

Apêndice para complementação da primeira seção

Como consequência da divisão da liberdade, estabelecida logo no início, em física, intelectual e moral, eu tenho de, depois de ter tratado da primeira e da última, discutir ainda a segunda, o que será feito meramente em nome da completude e, assim, brevemente.

O intelecto, ou a faculdade de conhecimento, é o INTERMEDIADOR DOS MOTIVOS, através do qual, com efeito, eles atuam sobre a vontade, que é o verdadeiro núcleo do ser humano. Apenas na medida em que esse intermediador dos motivos se encontra num estado normal, que executa suas funções regularmente e, assim, apresenta à vontade, para sua escolha, os motivos de maneira não falseada, tal como eles se encontram no mundo real exterior; só assim pode a vontade se decidir em conformidade com sua natureza, isto é, com o caráter individual do ser humano; só assim, portanto, pode se manifestar SEM OBSTÁCULOS, segundo a essência que lhe é própria. Nesse caso, então, o ser humano é INTELECTUALMENTE LIVRE, isto é, suas ações são o puro resultado da reação de sua vontade a motivos, que se encontram disponíveis a ele e a terceiros no mundo exterior. Por conseguinte, elas podem ser imputadas a ele tanto moral quanto *juridicamente*.

Essa liberdade intelectual é SUSPENSA ou porque o intermediador dos motivos, a faculdade de conhecimento, está danificada, permanente ou temporariamente, ou porque circunstâncias externas, num caso isolado, falsificam a apreensão dos motivos. O primeiro caso se dá na loucura, em estado de delírio, de paroxismo e de sonolência; o último, no caso de um erro decidido e sem culpa, por exemplo quando se ingere veneno em vez de um medicamento, ou quando, tomando por um ladrão o empregado que chega de noite, atira-se nele etc. Pois em ambos os casos os motivos são falseados, razão pela qual a vontade não pode decidir da mesma maneira que o faria, caso, nas circunstâncias que se apresentam, o intelecto lhe tivesse transmitido os motivos corretamente. Portanto, os delitos cometidos em semelhantes circunstâncias também não são legalmente passíveis de pena. Pois as leis partem da correta pressuposição de que a vontade não é moralmente livre, caso no qual ela não poderia ser GUIADA; mas sim de que ela seria submetida à coação por meio de motivos. Em conformidade com isso, as leis, com a ameaça de penas, querem contrapor contramotivos mais fortes a todos os possíveis motivos para delitos, e um código penal não é nada além de um índice de contramotivos para ações delituosas. Mas caso resulte que o intelecto, por meio do qual esses contramotivos tinham de agir, foi incapaz de assimilá-los e de posicioná-los diante da vontade, então sua atuação era impossível: eles não existiam para ela. É como quando se descobre que um dos cabos que tinham de movimentar uma máquina estava rompido. Assim, nesse caso, a culpa passa da vontade ao intelecto: mas esse não é submetido a qualquer pena. Antes, as leis, assim como a moral, têm a ver somente com a vontade. Apenas ela é o ser humano propriamente dito. O intelecto é meramente seu órgão, suas antenas que se dirigem para fora, isto é, o intermediador do fazer efeito sobre ela mediante motivos.

Tampouco podem semelhantes atos ser MORALMENTE imputáveis. Pois eles não são um traço do caráter da pessoa: ela ou fez algo diferente daquilo que acreditava fazer, ou foi incapaz de pensar naquilo que deveria tê-la impedido de fazê-lo, isto é, de permitir a entrada em cena dos contramotivos. Esse caso é semelhante àquele de quando um material a ser investigado quimicamente é exposto à atuação de diversos reagentes para que se veja em relação a qual ele tem a afinidade mais forte. Caso se descubra, depois de feito o experimento, que, por meio de um obstáculo ocasional, um reagente específico não podia de forma alguma ter atuado, então o experimento é inválido.

A liberdade intelectual, que nós aqui consideramos como completamente suspensa, pode, além disso, ser também apenas REDUZIDA ou parcialmente suspensa. Isso acontece especialmente através do afeto e do inebriamento. O AFETO é a excitação repentina e violenta da vontade mediante uma representação que, vinda de fora, força sua entrada e se torna motivo, representação essa que tem uma tal vivacidade que obscurece todas as outras que poderiam se contrapor a ela como contramotivos e não permite que elas cheguem com clareza à consciência. Essas últimas, que na maioria das vezes são de natureza abstrata, meros pensamentos, ao passo que aquela primeira é algo intuitivo e presente, acabam, nesse processo, não tendo a oportunidade de atuar, e não desfrutam, portanto, daquilo que em inglês se chama de *fair play*: o ato já aconteceu antes que elas pudessem agir em sentido contrário. É como quando, em um duelo, uma pessoa atira antes de ser autorizada. Aqui também, por conseguinte, tanto a responsabilidade jurídica quanto a moral, de acordo com a configuração das circunstâncias, estão mais ou menos – mas sempre pelo menos parcialmente – suspensas. Na Inglaterra, um assassinato cometido em total precipitação e sem a mínima reflexão, na mais violenta e repentinamente provocada fúria, é chamado de *manslaughter* e punido de maneira leve, ou, às vezes, fica até mesmo sem punição. – O INEBRIAMENTO é um estado que predispõe aos afetos, ao elevar a vivacidade das representações intuitivas e, por outro lado, enfraquecer o pensar *in abstrato* e, com isso, ainda aumentar a energia da vontade. No lugar da responsabilidade pelos atos, entra em cena aqui aquela pelo próprio inebriamento: por isso ele não é desculpado juridicamente, ainda que, aqui, a liberdade intelectual seja parcialmente suspensa.

A respeito dessa liberdade intelectual, το ἑκούσιον καὶ ἀκούσιον κατὰ διάνοιαν,* ARISTÓTELES já fala na *Ethic. Eudem.*, II, cap.7 e 9, ainda que de maneira muito breve e insuficiente, e um pouco mais detalhadamente na *Ethic. Nicom*, III, cap.2. – É a ela que se faz referência quando a *Medicina forensis* e a justiça criminal questionam se um infrator se encontrava em estado de liberdade e se seria, portanto, imputável.

De maneira geral, portanto, têm de ser vistos como cometidos sob ausência da liberdade intelectual todos os delitos praticados em uma situação na qual a pessoa ou não sabia o que estava fazendo ou simplesmente não era capaz de refletir sobre o que deveria tê-la impedido de cometê-lo, a saber, as consequências do ato. Nesses casos, por conseguinte, ela não deve ser punida.

* "O voluntário e o involuntário em vista do pensamento." (N. T.)

Por outro lado, aqueles que pensam que, por causa da inexistência da liberdade MORAL e da inevitabilidade de todas as ações de uma dada pessoa que daí se segue, nenhum infrator deveria ser punido, partem da visão equivocada da pena, de acordo com a qual ela seria algo que recai sobre os crimes como fim em si mesmo, uma compensação do mal com o mal, a partir de razões morais. Algo assim, por mais que Kant o tenha ensinado, seria absurdo, em vão e completamente injustificado. Pois como, afinal, estaria uma pessoa autorizada a se arvorar em juiz absoluto de outra em um ponto de vista moral e, como tal, penitenciá-la por causa de seus pecados? Antes, a lei, isto é, a ameaça da pena, tem a finalidade de ser o contramotivo em relação ao crime ainda não cometido. Se, em um caso individual, esse seu efeito falha, então ela tem de ser executada; pois, do contrário, ela também falharia em todos os casos futuros. O infrator, por sua vez, sofre a pena nesse caso propriamente como consequência de sua constituição moral, a qual, em união com as circunstâncias, que eram os motivos, e com seu intelecto, que lhe apresentou a esperança de escapar à pena, produziu o ato inevitavelmente. Nesse caso, então, só poderia lhe acontecer algo injusto se seu caráter moral não fosse sua própria obra, seu ato inteligível, mas a obra de um terceiro. A mesma relação entre o ato e suas consequências se dá quando as consequências de seu agir vicioso não se dão segundo leis humanas, mas segundo leis naturais: quando, por exemplo, excessos negligentes provocam enfermidades terríveis, ou quando o infrator, numa tentativa de invasão, tem um final infeliz por um acaso. Por exemplo, se no chiqueiro, que ele invade durante a noite para sequestrar seu habitante usual, se encontra, no lugar deste, o urso cujo tutor se hospedou nessa estalagem na noite anterior e que vai a seu encontro de braços abertos.

Referências bibliográficas

AGOSTINHO, Santo. *A cidade de Deus - Vol. II (Livro IX a XV)*. Trad. J. Dias Pereira. Lisboa: Calouste Gulbekian, 2000.

______. *Sobre a potencialidade da alma*. Trad. Aloysio Jansen de Faria. Petrópolis: Vozes, 2013.

ALIGHIERI, Dante. *A divina comédia*. Trad., coment. e notas Italo Eugenio Mauro; pref. Otto Maria Carpeaux. São Paulo: Editora 34, 2009.

DESCARTES, René. *Princípios de filosofia*. Trad. João Gama. Lisboa: Edições 70, 2006

ESPINOSA, Baruch de. *Ética*. Trad. Grupo de Estudos Espinosanos. São Paulo: Edusp, 2015.

______. *Princípios de filosofia cartesiana e pensamentos metafísicos*. Trad. Homero Santiago e Luis César Guimarães Oliva. Belo Horizonte: Autêntica, 2015.

GOETHE, Johann W. von. Urworte: Orphisch. In: GALLE, Helmut. *De minha vida: poesia e verdade* – sobre a literariedade da autobiografia de Goethe. *Estudos Avançados*, v.33, n.96, p.253-76, 2019.

______. *Ifigênia em Táuride*. Trad. Carlos Alberto Nunes. São Paulo: Peixoto Neto, 2016.

HOBBES, Thomas. *Do cidadão*. Trad. Renato Janine Ribeiro. São Paulo: Martins Fontes, 2002.

HÜBSCHER, Arthur. La Liberté est un mystère: Das Motto der Norwegischen Preisschrift. *Schopenhauer-Jahrbuch*, n.45, p.26-30, 1964.

KANT, Immanuel. *Crítica da razão prática*. Trad. Monique Hulshof. Petrópolis: Vozes, 2016.

______. *Crítica da razão pura*. Trad. e notas Fernando Costa Mattos. 1.ed. Petrópolis: Vozes, 2012.

______. *Ideia de uma história universal de um ponto de vista cosmopolita*. Trad. Rodrigo Naves e Ricardo R. Terra. São Paulo: Brasiliense, 1986.

LUTERO, Martinho. *Da vontade cativa*. Trad. Luís H. Dreher, Luís M. Sander e Ilson Kayser. São Leopoldo (RS): Sinodal, 1993. (Coleção Obras Selecionadas, v.4.)

SCHOPENHAUER, Arthur. *Die Welt als Wille und Vorstellung*: Kritische Jubiläumausgabe der ersten Auflage (1819). Ed. Matthias Koßler e William Massei Jr. Leipzig: Felix Meiner, 2020.

______. *O mundo como vontade e como representação*. t.I. Trad. Jair Barboza. 2.ed. São Paulo: Editora Unesp, 2013.

______. *Sobre a ética*: Parerga e Paralipomena. v.II, t.II. Trad. Flamarion Caldeira Ramos. São Paulo: Hedra, 2012.

______. *Sobre a quadrúplice raiz do princípio de razão suficiente*: uma dissertação filosófica. Trad. Oswaldo Giacoia Jr. e Gabriel Valladão Silva. Campinas: Editora da Unicamp, 2019.

______. *Sobre a vontade na natureza*. Trad. Gabriel Valladão Silva. Porto Alegre: L&PM, 2013.

VOLTAIRE. *O filósofo ignorante*. Trad. Marilena de Souza Chauí. São Paulo: Abril Cultural, 1984. (Coleção Os Pensadores.)

SOBRE O LIVRO

Formato: 14 x 21 cm
Mancha: 23 x 44 paicas
Tipologia: Venetian 301 12,5/16
Papel: Off-white 80 g/m² (miolo)
Cartão Supremo 250 g/m² (capa)
1ª edição Editora Unesp: 2021

EQUIPE DE REALIZAÇÃO

Edição de texto
Tulio Kawata (Copidesque)
Nathan Matos (Revisão)

Capa
Vicente Pimenta

Editoração eletrônica
Eduardo Seiji Seki

Assistência editorial
Alberto Bononi
Gabriel Joppert

Coleção Clássicos

A arte de roubar: Explicada em benefício dos que não são ladrões
D. Dimas Camándula

A construção do mundo histórico nas ciências humanas
Wilhelm Dilthey

A escola da infância
Jan Amos Comenius

A evolução criadora
Henri Bergson

A fábula das abelhas: ou vícios privados, benefícios públicos
Bernard Mandeville

Cartas de Claudio Monteverdi: (1601-1643)
Claudio Monteverdi

Cartas escritas da montanha
Jean-Jacques Rousseau

Categorias
Aristóteles

Ciência e fé – 2ª edição: Cartas de Galileu sobre o acordo do sistema copernicano com a Bíblia
Galileu Galilei

Cinco memórias sobre a instrução pública
Condorcet

Começo conjectural da história humana
Immanuel Kant

Contra os astrólogos
Sexto Empírico

Contra os gramáticos
Sexto Empírico

Contra os retóricos
Sexto Empírico

Conversações com Goethe nos últimos anos de sua vida: 1823-1832
Johann Peter Eckermann

Da Alemanha
Madame de Staël

Da Interpretação
Aristóteles

Da palavra: Livro I – Suma da tradição
Bhartrhari

Dao De Jing: Escritura do Caminho e Escritura da Virtude com os comentários do Senhor às Margens do Rio
Laozi

De minha vida: Poesia e verdade
Johann Wolfgang von Goethe

Diálogo ciceroniano
Erasmo de Roterdã

Discurso do método & Ensaios
René Descartes

Draft A do Ensaio sobre o entendimento humano
John Locke

Enciclopédia, ou Dicionário razoado das ciências, das artes e dos ofícios – Vol. 1: Discurso preliminar e outros textos
Denis Diderot, Jean le Rond d'Alembert

Enciclopédia, ou Dicionário razoado das ciências, das artes e dos ofícios – Vol. 2: O sistema dos conhecimentos
Denis Diderot, Jean le Rond d'Alembert

Enciclopédia, ou Dicionário razoado das ciências, das artes e dos ofícios – Vol. 3: Ciências da natureza
Denis Diderot, Jean le Rond d'Alembert

Enciclopédia, ou Dicionário razoado das ciências, das artes e dos ofícios – Vol. 4: Política
Denis Diderot, Jean le Rond d'Alembert

Enciclopédia, ou Dicionário razoado das ciências, das artes e dos ofícios – Vol. 5: Sociedade e artes
Denis Diderot, Jean le Rond d'Alembert

Enciclopédia, ou Dicionário razoado das ciências, das artes e dos ofícios – Vol. 6: Metafísica
Denis Diderot, Jean le Rond d'Alembert

Ensaio sobre a história da sociedade civil / Instituições de filosofia moral
Adam Ferguson

Ensaio sobre a origem dos conhecimentos humanos / Arte de escrever
Étienne Bonnot de Condillac

Ensaios sobre o ensino em geral e o de Matemática em particular
Sylvestre-François Lacroix

Escritos pré-críticos
Immanuel Kant

Exercícios (Askhmata)
Shaftesbury (Anthony Ashley Cooper)

Filosofia Zoológica
Lamarck

Fisiocracia: Textos selecionados
François Quesnay, Victor Riqueti de Mirabeau, Nicolas Badeau, Pierre-Paul Le Mercier de la Rivière, Pierre Samuel Dupont de Nemours

Fragmentos sobre poesia e literatura (1797-1803) / Conversa sobre poesia
Friedrich Schlegel

Hinos homéricos: Tradução, notas e estudo
Wilson A. Ribeiro Jr. (Org.)

História da Inglaterra – 2ª edição: Da invasão de Júlio César à Revolução de 1688
David Hume

História natural
Buffon

História natural da religião
David Hume

Investigações sobre o entendimento humano e sobre os princípios da moral
David Hume

Lições de ética
Immanuel Kant

Lógica para principiantes – 2ª edição
Pedro Abelardo

Metafísica do belo
Arthur Schopenhauer

Monadologia e sociologia: E outros ensaios
Gabriel Tarde

O desespero humano: Doença até a morte
Søren Kierkegaard

O mundo como vontade e como representação – Tomo I – 2ª edição
Arthur Schopenhauer

O mundo como vontade e como representação – Tomo II
Arthur Schopenhauer

O progresso do conhecimento
Francis Bacon

O Sobrinho de Rameau
Denis Diderot

Obras filosóficas
George Berkeley

Os analectos
Confúcio

Os elementos
Euclides

Os judeus e a vida econômica
Werner Sombart

Poesia completa de Yu Xuanji
Yu Xuanji

Rubáiyát: Memória de Omar Khayyám
Omar Khayyám

Tratado da esfera – 2ª edição
Johannes de Sacrobosco

Tratado da natureza humana – 2ª edição: Uma tentativa de introduzir o método experimental de raciocínio nos assuntos morais
David Hume

Verbetes políticos da Enciclopédia
Denis Diderot, Jean le Rond d'Alembert